互联网+高等教育"十三五"旅游与饭店管理专业系列规划教材

酒店服务礼仪实训教程

（第二版）

主　编　王晓娟
副主编　宋晓玲

西安交通大学出版社　国家一级出版社
XI'AN JIAOTONG UNIVERSITY PRESS　全国百佳图书出版单位

内容提要

本书采用项目教学法,将整个课程分成21个实训项目,以实践教学为主,突出了对学生实际动手操作能力的培养。本书内容主要包括:仪态礼仪、仪表礼仪、仪容礼仪;各个工作岗位的接待礼仪;员工下班后的社交礼仪。本书适用于大中专院校旅游管理、酒店管理专业学生的学习以及酒店业员工的业务学习和培训,也适用于那些对服务礼仪感兴趣的人士日常学习。

图书在版编目(CIP)数据

酒店服务礼仪实训教程/王晓娟主编. —2版. —西安:西安交通大学出版社,2019.1(2023.2重印)
ISBN 978-7-5693-1083-2

Ⅰ.①酒… Ⅱ.①王… Ⅲ.①饭店-商业服务-礼仪-高等职业教育-教材 Ⅳ.①F719.2

中国版本图书馆 CIP 数据核字(2019)第 011303 号

书　　名	酒店服务礼仪实训教程(第二版)
主　　编	王晓娟
责任编辑	史菲菲
出版发行	西安交通大学出版社 (西安市兴庆南路1号　邮政编码 710048)
网　　址	http://www.xjtupress.com
电　　话	(029)82668357　82667874(市场营销中心) (029)82668315(总编办)
传　　真	(029)82668280
印　　刷	西安日报社印务中心
开　　本	787mm×1092mm　1/16　印张　8　字数　188千字
版次印次	2010年8月第1版　2019年1月第2版 2023年2月第4次印刷(累计第8次印刷)
书　　号	ISBN 978-7-5693-1083-2
定　　价	25.00元

如发现印装质量问题,请与本社市场营销中心联系。
订购热线:(029)82665248　(029)82667874
投稿热线:(029)82668133　(029)82665379
读者信箱:xj_rwjg@126.com

版权所有　侵权必究

第二版前言

酒店业近几年发展迅速,数量和规模在不断扩大,就陕西省西安市而言,2018年就新开了20多家五星级酒店,快捷连锁酒店数量的增加速度更是惊人。当然,随之要求的服务质量、顾客满意度、员工素质等都要不断提高。《酒店服务礼仪实训教程》在2010年就和社会各界见面,期间,受到高职(中职)酒店管理专业师生和酒店管理行业从业人员的欢迎,销量喜人,在酒店业的良好环境中再版,就很有必要了。这本书不仅适用于高职(中职)酒店管理专业学生和酒店管理从业人员学习或参考,也适合于相关服务专业的学生或行业人士学习和参考。

本书再版的重点工作是:①对项目内容进行丰富,案例部分数量增加;②对项目形式进行调整,增加了实训步骤;③对整体内容进行调整,删除重复内容,增加了附录"酒店日常接待英语"。本书再版的特色是:①按照酒店员工上班前后的知识和技能准备,遵循工作过程,按照工作流程编写,方便学习和运用;②增加了立体资料,例如视频和图片,将部分课外资料做成二维码,拓展了教材的维度;③突出实训教材特色,学习者容易按照所需进行操作,反复练习,直至掌握;④遵循学习者学习的过程,由易到难,循序渐进,前面为后面做好铺垫,后面进行综合运用,这也是本书体系完整的具体体现;⑤本书是基础实训和专业实训很好结合的产物,前面的基础实训适用于所有和服务相关的社会人,后面的专业实训适用于酒店管理行业或相关行业人员学习。

《酒店服务礼仪实训教程》的再版是想为相关专业学生和酒店行业人士提供更实用的参考材料,在内容和体例上的增加和修改,是为了让学员更容易学习和运用。同时,在内容上做到与时俱进,适应时代变化;在体例上增加立体教材,为了迎合现代成人运用网络学习的习惯,也是一种教材的革新。

本书在编写过程中得到杨凌职业技术学院旅游与管理分院学生和同事们的帮助和支持,得到西安交通大学出版社编辑的鼎力支持,本书引用了部分图书、报纸、杂志和网络上的文章,并参考了大量礼仪方面的文献和资料,在此谨向相关作者和提供帮助的人士表示衷心感谢!希望本书的再版能够达到编者的目的,希望能够对酒店管理专业的学生和酒店行业人士有帮助。

本书由杨凌职业技术学院王晓娟担任主编,杨凌职业技术学院宋晓玲担任副主编。其中项目三、四、五、十由宋晓玲完成,其他部分由王晓娟根据多年的教学和培训经验编写完成。

由于时间仓促,加之编者水平有限,书中难免有不妥之处,敬请广大读者批评指正。

编者

2019 年 1 月 2 日

第一版前言

"学礼仪、树新风""习礼仪、促和谐""有礼走遍天下,无礼寸步难行",礼仪是现代人沟通的工具。礼仪是润滑剂,协调人际交往的各种关系;礼仪是整个社会文明发展程度的反映和标志,同时又反作用于社会,对社会的风尚产生广泛、持久和深刻的影响。

"礼仪"是"礼"和"仪"的合成词,"礼"指"礼貌""礼节""礼物","仪"指"仪容""仪表""仪态""仪式"。礼仪对于一个人形成完美的人格具有重要作用。礼仪对人的要求包括表里两个方面,它既要求与人为善的道德观念,又要求优雅得体的言行举止。因此受过良好礼仪教育或礼仪修养提升训练的人,无论是内在素质上还是外在形象上都和缺乏此种训练的人有明显区别。

礼仪文化是中国传统道德文化的重要组成部分,中国自古被誉为礼仪之邦。礼仪文化作为中国传统文化的一部分,有着丰富的内容。在尊老敬贤、待人接物、仪态言谈、交友择友等诸多方面,我们的先人身体力行,著书立说,在礼仪中由事及理,以小见大,看似微小的细节,因为其特定的反复而持久的模仿,成了习惯,进而形成富有审美意义的道德规范和道德准则。讲究礼仪的传统,本该是中华民族的宝贵财富,因为历史的起伏,我们把有些好东西丢失了。

全国有很多高职、本科院校都在开设"酒店服务礼仪"这门课程,但是在课程内容的组织与实施上仍处于传统的基本性的理论讲授,重视理论知识的掌握。它是一门实用性、技能性极强的行为学科,主要介绍酒店行业人员在上班前、上班时、下班后等不同场合应该遵循的礼仪规范和程序。酒店业是劳动密集型企业,企业员工和客人面对面进行交流,为了让客人感受到充分的尊重,要求员工在接待客人的每个环节上了解和掌握服务礼仪,提高服务质量。

本书项目一、二、三、四、六、七由杨凌职业技术学院王晓娟编写,项目五、八由杨凌国际会展中心酒店沈小凡编写,项目九、十五由塔里木大学于艳邱编写,项目十、十一、十二由杨凌职业技术学院刘燕威编写,项目十三、十四由杨凌职业技术学院张永丽编写,项目十六、十七由西安中江之旅酒店管理中心毛燕编写,项目十八、十九由杨凌职业技术学院袁晋峰编写,项目二十由杨凌职业技术学院赵辉编写,项目二十一、二十二由杨凌职业技术学院张红娟编写。全书由王晓娟统稿,王晓娟、赵辉任主编,刘燕威、袁晋峰、张红娟任副主编。

　　本书在编写过程中,参阅了大量相关书刊资料,在此一并向有关作者致谢!

　　由于编者学识水平有限,时间仓促,问题在所难免,敬请读者批评指正。

王晓娟于杨凌

2010 年 5 月 18 日

目录 CONTENTS

实训项目一　　发型 / 1

实训项目二　　化妆 / 6

实训项目三　　服饰 / 11

实训项目四　　饰物 / 21

实训项目五　　站姿 / 26

实训项目六　　坐姿 / 30

实训项目七　　走姿 / 35

实训项目八　　鞠躬 / 40

实训项目九　　礼仪手势 / 43

实训项目十　　表情 / 47

实训项目十一　　迎宾员服务礼仪 / 53

实训项目十二　　行李员服务礼仪 / 56

实训项目十三　　总台接待员服务礼仪 / 60

实训项目十四　　问询员服务礼仪 / 67

实训项目十五　　总机服务礼仪 / 71

实训项目十六　　客房员工服务礼仪 / 81

实训项目十七　　引位员服务礼仪 / 86

实训项目十八　　值台员服务礼仪 / 88

实训项目十九　　**见面礼仪** / 92

实训项目二十　　**交谈礼仪** / 98

实训项目二十一　　**涉外礼仪** / 107

附录　　**酒店日常接待英语** / 114

参考文献 / 120

实训项目一 发型

实训目的

了解头发的性质,掌握发型与脸型的搭配。

实训课时

2课时

实训内容一 认识发质

实训步骤:

1. 阅读相关知识
2. 了解头发的性质
3. 辨明自己及同学、好友的发质,清楚每种发质的特点,学会不同的养护方法
4. 教师点评、总结

相关知识

了解头发的性质,是护理头发的第一步。认清你的发质,选择真正适合你的洗发、护发方法,对你头发的健康美观很重要。对比下面四种不同发质的特点,看看你的头发属于哪一种类型。

1. 干性发质

如果你的头发无光泽、干燥、容易打结,特别在浸湿的情况下难以梳理,且通常头发根部颇稠密,但至发梢则变得稀薄,有时发梢还开叉,那么你的发质就属于干性发质。

(1) 干性发质的特征。

油脂少,头发干枯、无光泽;缠绕、容易打结;松散,头皮干燥,容易有头皮屑。头发僵硬,弹性较低,其弹性伸展长度往往小于25%。干性发质是由皮脂分泌不足或头发角蛋白缺乏水分,经常漂染或用过热的水洗发,天气干燥等造成。

(2) 护理要诀。

① 使用营养丰富的洗发水,无须天天洗发。

② 每星期焗油两次。

③ 避免暴晒在阳光下,宜用有防晒成分的护发产品和补湿产品。

2. 油性发质

如果你的头发细长、油腻,需要经常清洁,那么你的发质属于油性发质。

(1)油性发质的特征。

发丝油腻,洗发后翌日,发根已出现油垢,头皮如厚鳞片般积聚在发根,容易头痒。皮脂分泌过多,而使头发油腻,这大多与荷尔蒙分泌紊乱、遗传、精神压力大、过度梳理以及经常进食高脂食物有关,这些因素可使油脂分泌增加。发质细者,油性头发的可能性较大,这是因为每一根细发的圆周较小,单位面积上的毛囊较多,皮脂腺同样增多,故分泌皮脂也多。

(2)护理要诀。

①注意清洁头皮。

②不要用过热的水洗发,以免刺激油脂分泌。

③护发素只宜涂在发干上,不要抹在头皮上。

④不要经常用发刷擦头,宜以梳代替发刷,并只梳理发丝。

3. 中性发质

如果你的头发不油腻、不干燥,那么你的发质属于中性发质。

(1)中性发质的特征。

头发不油腻,不干燥;柔软顺滑,有光泽,油脂分泌正常,只有少量头皮屑。如果没有经过烫发或染发,保持原来的发型,总能风姿长存。

(2)护理要诀。

①注意头皮保养,洗发时多进行头皮按摩,以保证血液循环良好,养分可以输送到发尾。

②定期修剪,保持秀发营养充足。

4. 混合性发质

如果你的头发根部比较油腻,而发梢部分干燥,甚至开叉,那么你的发质属于混合性发质。

(1)混合性发质的特征。

头皮油但头发干,是一种靠近头皮1厘米左右以内的发根多油,越往发梢越干燥甚至开叉的混合状态。处于行经期的妇女和青春期的少年的头发多为混合性发质,此时头发处于最佳状态,而体内的激素水平又不稳定,于是出现多油和干燥并存的现象。此外,过度烫发或染发,又护理不当,也会造成发丝干燥但头皮仍油腻的发质。

(2)护理要诀。

①集中修护发干,避免头发开叉或折断。

②停止烫发染发,修剪干枯发干,让头发得到休养。

③选用保湿型护发素,注意头部按摩。

④改善个人饮食习惯,少食油腻食品,增加黑色食品的摄入量。

实训内容二 发型与脸型的搭配

实训步骤:
1. 阅读相关知识
2. 了解七种脸型
3. 掌握不同脸型适合的发型
4. 为自己和身边的人设计合适的发型
5. 教师点评、总结

 相关知识

人的脸型大致可以分为七种:长脸型、圆脸型、方脸型、正三角脸型、倒三角脸型、菱形脸型与椭圆形脸型。发型与脸型的搭配原则是,使各种脸型接近比较标准的椭圆脸型。

1. 长脸型

长脸型的特点是额头较宽,鼻长,两颊消瘦。长脸型的人形象成熟,但是缺乏活力。在搭配发型时,要使脸颊两侧的头发蓬松,并用刘海遮住额头,缩短脸型的瘦长程度,使脸型略显丰满。

2. 圆脸型

圆脸型的特点是额头宽大,两腮丰满,给人单纯、可爱的感觉。在配合发型时,两侧的头发要尽量伏贴,顶部蓬松,并露出额头,使脸型略显瘦长。

3. 方脸型

方脸型的特点是额头宽大,两腮突出。方脸型的人形象棱角突出,冷静刚毅,略有男性化特征。在搭配发型时要使头发略微卷曲,弯曲的线条使人显得比较温柔,并可以掩饰宽大的额头与两腮。

4. 正三角脸型

正三角脸型的特点是额头较尖,两腮突出,视觉效果上窄下宽。这种脸型给人的感觉是老成庄重,但是显得迟缓。在配合发型时,要使发型的顶部蓬松,轮廓饱满,两侧适当地遮盖腮部,人便会显得有精神。

5. 倒三角脸型

倒三角脸型的特点是额头宽大,下颊尖,视觉效果上宽下窄。这种脸型给人的感觉是灵活、秀气。在配合发型时,顶部的轮廓自然伏贴,两侧或发梢可略为蓬松。

6. 菱形脸型

菱形脸型的特点是额头窄，颧骨突出，下颌窄，人物的形象缺乏生气。在配合发型时，额头两侧的头发要蓬松、饱满，耳朵附近的线条自然流畅，这样可以减少人们对于凸出的颧骨的注意力。

7. 椭圆脸型

椭圆脸型"三庭五眼"的比例适中，是比较标准的脸型，适于各种发型。

8. 胖而短的脖子

在额头使用倾向刘海，发顶梳高，造成有长度的效果，两边梳成波浪显得修长，平滑贴头的颈线强调了背视及侧视修长的效果。

9. 长脖子

用柔和的发波和卷花盖住脖子，头发应留到颈部，避免发型高过颈背。

10. 不均匀脸型

可以选择适当的发型掩饰其缺点，采用柔和的盖住突出缺陷的发型，造成脸部两边平均的效果。

实训内容三　发型与服饰的搭配

实训步骤：
1. 阅读相关知识
2. 了解五种发色与发型、服饰、妆容的搭配
3. 设计自己及同学的服饰、妆容搭配，与老师和同学分享
4. 教师点评、总结

 相关知识

1. 与黑头发搭配

肤色：任何肤色。

妆容：自然妆容，浅冷色系，或端庄的正红色系。

服饰：沉稳的深灰色系、典雅的蓝色系列和酒红色等。

2. 与深棕色头发搭配

肤色：任何肤色，肤色白皙者尤佳。

发型：淑女式的直发或微卷的长发，大方的齐耳短发。

妆容：自然妆容，冷暖色系皆宜，尤其适宜雅致的灰色系。

服饰：经典的黑色与白色、优雅的紫色、大方的藏青色和米色系等。

3. 与浅棕色头发的搭配

肤色：白皙或麦芽肤色、古铜肤色者均可。

发型：清爽有动感的短发,亮丽的大波浪长卷发。

妆容：冷暖色系皆宜,建议尝试清爽明快的水果色系的妆容。

服饰：清新的浅黄、浅蓝、浅绿色,亮丽的银色与橙色。

4. 与铜金色头发的搭配

肤色：白皙或麦芽肤色,也很适宜肤色微黑的女士。

发型：时尚造型的短发,有层次的齐肩直发。

妆容：冷暖色系皆宜,建议尝试透明妆或水果色系的妆容。

服饰：纯度高的黑与白、红与黑,明丽的金色与橙色、天蓝色。

5. 与红色头发的搭配

肤色：自然肤色或白皙皮肤,非常适合肤色偏黄的女士。

发型：有活力的短发、中长直发或卷发均可。

妆容：暖色调的妆容,金色系、红色系、棕色系等较浓郁的色彩。

服饰：黑、白、灰经典色,热情的火红色,浓郁的深咖啡色。

 实训作业

1. 请 2 名同学(一男一女)设计符合酒店行业规范的发型。要求对行业发型规范进行实践运用。

2. 请 10 名同学(五男五女)设计日常生活中的发型。要求对照同学们的头发性质、脸型、性格等特点,采用扬长避短的原则,设计合适的发型。

 实训考核

组别：_____   姓名：_____   时间：_____   成绩：_____

	加分	扣分
听课认真程度		
发质认识准确程度		
设计发型美观程度		
参与实训认真程度		
实训作业完成程度		

实训项目二 化妆

实训目的

了解皮肤性质,掌握简易化妆技巧。

实训课时

4课时

实训内容 化妆

实训步骤:
1. 阅读相关知识
2. 了解服务人员日常仪容的基本规范
3. 了解关于化妆的相关事宜
4. 进行化妆实训
5. 教师点评、总结

相关知识

一、服务人员日常仪容的基本规范

1. 面部

要注意清洁与适当的修饰。为了使自己容光焕发,显示活力,男士胡须要剃净,鼻毛应剪短,不留胡子;女士可适当化妆,但应以浅妆、淡妆为宜,不能浓妆艳抹,并避免使用气味浓烈的化妆品。

2. 指甲

要经常修剪和洗刷指甲。不能留长指甲,指甲的长度不应超过手指指尖;要保持指甲的清洁,指甲缝中不能留有污垢。另外,绝对不要涂有色的指甲油。

3. 鼻子和体毛

鼻毛不能过长,过长的鼻毛,非常有碍观瞻。可以用小剪刀剪短,不能用手拔,特别是当着客人的面。

痰、鼻涕一类的"杂物"应及时清理，清理时，要避开众人眼睛。为了保持鼻腔的清洁，不要用手去挖鼻孔。经常挖鼻孔，会弄掉鼻毛，损伤鼻黏膜，甚至使鼻子变形，鼻孔变大。

体毛必须修整。腋毛在视觉中不美观也不雅观。男性和女性应有意识地不穿暴露腋毛的服饰。女性在社交活动中穿着使腋毛外现的服装，必须先剃去腋毛，以免破坏自己的形象。

又黑又粗的体毛，同时需要掩饰。在社交和公务活动中，男性不准穿短裤，不准挽起长裤的裤管。女性穿裙装和薄型丝袜，如露出腿毛，应先将其剃掉。

4. 个人卫生

做到勤洗澡，勤换衣袜，勤漱口，保持牙齿口腔清洁，身上不能留有异味。口腔有异味，是很失风范的事情。上班前不能喝酒，忌吃葱、蒜、韭菜等有刺激性异味的食物。每日早晨，空腹饮一杯淡盐水，平时多以淡盐水漱口，能有效地控制口腔异味。必要时，嚼口香糖可减少异味，但在他人面前嚼口香糖是不礼貌的，特别是上班时间和与人交谈时，更不应嚼口香糖。

另外，要尽量少抽烟，不喝浓茶。如果长期吸烟和喝浓茶，天长日久，牙齿表面会出现一层烟渍和茶锈，牙齿变得又黑又黄。在社交场合进餐后一定要剔牙，但切忌当着别人的面剔牙，可以用手掌或餐巾掩住嘴角，然后再剔牙。

二、关于化妆的有关事宜

面容化妆的目的在于使人的精神面貌有焕然一新之感，适度的化妆也是对宾客尊重的一种礼貌表现。

1. 服务人员面容化妆的总原则

服务人员特别是女员工一般应进行适当的化妆，这一基本要求被归纳为"化妆上岗，淡妆上岗"。所谓"化妆上岗"，即要求服务人员在上岗之前，应当根据岗位及接待礼仪的要求进行化妆。所谓"淡妆上岗"，则是要求服务人员在上岗之前的个人化妆，应以淡雅为主要风格。

2. "扬长避短"原则

服务人员应当明确化妆的目的和作用：扬长避短，讲究和谐，强调自然美。

要根据自己的工作性质、面容特征来化妆。一定要讲究得体和谐，一味的浓妆艳抹、矫揉造作，会令人生厌。

要使化妆符合审美的原则，应注意以下几点：

①讲究色彩的合理搭配。

色彩要求鲜明、丰富、和谐统一，给人以美的享受。要根据自己的面部肤色选择化妆品。女士一般希望面部化妆白一点，但不可化妆以后改变肤色，应与自己原有肤色恰当地结合,才会显得自然、协调。因此,最好选择接近或略深于自己肤色的颜色来搽,这样较符合当今人们追求的自然美。

②依据自己的脸型合理调配。

如脸宽者,色彩可集中一些,描眉、画眼、涂口红腮红都尽量集中在中间,以收拢缩小面积,使脸型显得好看。眼皮薄者,眼线描浓些会显得眼皮厚;描深些,会显得更有精神。涂抹胭脂时,脸型长者宜横涂;脸型宽者宜直涂;瓜子脸则应以面颊中偏上处为重点,然后向四周散开。

③强调自然美。

如眉毛天然整齐细长,浓淡适中,化妆时可以不描眉;脸型和眼睛形状较好的可不画眼。如果有一双又黑又亮的大眼睛和长长的睫毛,就没有必要对眼睛去大加修饰,因为自然自有一种魅力。

3. 化妆的"3W"原则(when,什么时间;where,什么场合;what,做什么)

不同场合化不同的妆容,是得体形象的定位和诠释。

现今的社交礼仪中,化妆是一个基本的礼貌,素面朝天并不会给人以好感,尤其在生病、熬夜、身体不适等情况下,素面往往只会真实表现你的憔悴,精致妆容方显你的美丽和对对方的重视和尊重。但是不分场合的浓妆也是不礼貌的,比如:正式商洽签约场合时化前卫冷傲的妆容,会给人傲慢无礼轻浮的印象;而在聚会派对中,不施亮彩,妆淡得近于简朴,则又显得缺少热情,不合群,有孤傲藐视之嫌。

妆容,对于大多数女性来讲,可以分为"基础妆"和"时尚妆"两种。基础化妆是比较正统的、原则性的,适宜于一些隆重的场合,突出个人的身份和格调。时尚的化妆,则是具备现代气息和包含了"最新"的意思,一方面是前卫醒目的,另一方面也带有个人冒险的性质,是纯粹享受化妆乐趣的选择。故而,不同场合应有相称的妆容,才能显示你的教养和礼貌,为你的仪态加分。

化妆的浓淡并不是随意的,而是要根据不同的时间、季节和场合来选择。如:白天是工作的时间,一般以化淡妆为宜。如果白天也浓妆艳抹,香气四溢,难免给人的印象欠佳。在夜晚的娱乐时间,如舞会、聚会等,不论浓妆还是淡抹都是比较适宜的。

化妆的浓淡还应当考虑到场合的问题。人们在节假日大多是要化妆的,但是在外出旅游或参加游乐活动时,最好不要浓妆,不然一出汗,你就会感到为难了。

4. 讲究科学性原则

①科学选择化妆品。

化妆品一般可分为美容、润肤、芳香和美发四大类,它们各有特点和功用,化妆时必须正确合理地选择和使用,避免有害化妆品的危害。对待任何一种化妆品,都要先了解其成分、特点、功效,然后根据自己皮肤的特点,合理选择试用。经过一段时间后,把选用的化妆品相对固定。这样做既起到美容的作用,又避免了化妆品对皮肤的伤害,以求自然美和修饰美的完美统一。

②讲究科学的化妆技法。

在化妆时,若技法出现了明显的差错,将会暴露出自己在美容素质方面的不足,从而贻笑大方。因此,酒店员工应熟悉化妆之道,不可贸然化妆(如:很多员工没有打粉底就上了腮红)。

5. 专用原则(即不可随意使用他人的化妆品)

专用原则体现在两个方面:一是每个女性的化妆盒都具有隐私性,随便使用他人的化妆品便是侵犯别人的私人空间,是非常不礼貌的。二是出于健康考虑,随意使用他人的化妆品是非常不卫生的,极易造成流行性皮炎。

6. "修饰避人"的原则(即不在公共场合化妆和补妆)

在公共场合(尤其是在工作岗位上)化妆是极为失礼的。这样既不尊重别人,也不尊重自己,给人以轻佻、浮夸的感觉,毫无修养可言,从而影响个人形象。

7. 不以残妆示人

残妆,指在出汗之后、休息之后或用餐之后妆容出现了残缺。长时间的脸部残妆会给人懒散、邋遢之感。所以,在上班时酒店员工不但要注意坚持化妆,而且要注意及时地进行检查和补妆,但更需要后台补妆。

三、化妆步骤

1. **所需物品准备**

需要准备粉底、粉饼、腮红、睫毛膏、唇膏、睫毛夹、眉笔等。

2. **化妆的基本步骤**

(1)洁面:选用适合自己肤质的洁面乳将脸洗净。

(2)润肤:根据自己的肤质,选用适合自己的润肤液,如紧肤水、柔肤水。

(3)护肤:选用适合自己的面霜。当然,有条件的话可以在涂面霜之前,涂点精华液之类的护肤品。

(4)妆前乳:可以起到迅速改善肤质的乳液,例如控油乳、净白乳、保湿乳、丝滑乳等。通常选择有细致毛孔作用的妆前乳隔离。根据自己的喜好选择霜或者隔离露,可以隔离彩妆、辐射等。经常面对电脑的上班族在日常护理的时候也一定不要忘掉这一步。

(5)修颜:选用可以修饰自己肤色的修颜乳或者粉底。肤色偏黑,选用麦色;肤色偏黄,选用淡紫色;肤色偏白,选用淡绿色。

(6)遮瑕:根据自己脸部的情况使用遮瑕笔、遮瑕膏、遮盖霜等,对自己的脸部进行修饰。主要是盖住黑眼圈、痘痘等脸部瑕疵。要着重画眼妆的女士,还可以在遮瑕之前涂一点眼部打底霜。

(7)粉饼:千万不要以为粉底和粉饼是同一种东西。粉饼的使用是为了"改变"脸型,而并非是为了修饰肤色。化妆时,至少需要用到2种粉饼,一个深色一个淡色。

(8)定妆:定妆可以使用蜜粉或者散粉,从眼睛、鼻子、下巴等容易脱妆的部位开始。

(9)眼部:先涂眼影,然后画上眼线和下眼线。

(10)睫毛:先使用睫毛夹将睫毛夹出上翘的效果,然后使用睫毛膏将睫毛拉长。

(11)眉毛:先使用眉粉调整眉形,然后使用眉粉或者眉笔进一步修饰。

(12)腮红:使用腮红提升面部的气色,可以涂在笑肌或额骨处。

(13)嘴唇:先使用唇线笔绘出嘴外缘来调整嘴形状,再使用唇彩或口红来进一步修饰嘴唇颜色和亮度。

实训作业

1.课后练习日常化妆的技巧和步骤,下次上课时所有女士请带妆,在小组中交流化妆心得。有关化妆方面的问题及时咨询老师。

2.为小组的任意一名女士化日常淡妆,要求符合淡妆规范,起到扬长避短的效果。

实训考核

组别:_____ 姓名:_____ 时间:_____ 成绩:_____

	加分	扣分
听课认真程度		
皮肤认识准确程度		
化妆美观程度		
参与实训认真程度		
实训作业完成程度		

实训项目三　服饰

实训目的

了解服饰搭配原则、配色原则,掌握男士西装的穿着、女士西装套裙的穿着及日常着装搭配。

实训课时

4课时

实训内容一　穿衣必备训练

实训步骤:
1. 阅读相关知识
2. 设计适合自己和同学的服饰色彩和款式
3. 分享自己的看法
4. 学生互评,教师总结

相关知识

一、穿着的TPO原则

TPO是西方人提出的服饰穿戴原则,分别是英文中时间(time)、地点(place)、场合(occasion)三个单词的缩写。穿着的TPO原则,要求人们在着装时以时间、地点、场合三项因素为准。

1. 时间原则

时间既指每一天的早、中、晚三个时间段,也包括每年春夏秋冬的季节更替,以及人生的不同年龄阶段。时间原则要求着装考虑时间因素,做到随"时"更衣。比如:通常人们在家中或进行户外活动,着装应方便、随意,可以选择运动服、便装、休闲服;而工作时间的着装则应根据工作特点和性质,以服务于工作、庄重大方为原则。

另外,服饰还应当随着一年四季的变化而更替变换,不宜标新立异,打破常规。夏季以凉爽、轻柔、简洁为着装格调,在使自己凉爽舒服的同时,让服饰色彩与款式给予他人视觉和心理上的好感受。夏天,层叠折皱过多、色彩浓重的服饰不仅使人燥热难耐,而且一旦出汗就会影响女士面部的化妆效果。冬季应以保暖、轻便为着装原则,避免臃肿不堪,也要避免要风度不要温度,为形体美观而着装太单薄。

2.地点原则

地点原则代表地方、场所、位置不同,着装应有所区别,特定的环境应配以与之相适应、相协调的服饰,才能获得视觉和心理的和谐美感。

比如,穿着只有在正式的工作环境才合适的职业正装去娱乐、购物、休闲、观光,或者穿着牛仔服、网球裙、运动衣、休闲服进入办公场所和社交场地,都是环境不和谐的表现。我们无法想象在静谧严肃的办公室穿着一身很随意的休闲服,穿一双拖鞋,或者在绿草如茵的运动场上穿一身笔挺的西装、皮鞋,这样的人肯定被认为不懂穿衣原则。

3.场合原则

不同的场合有不同的服饰要求,只有与特定场合的气氛相一致、相融合的服饰,才能产生和谐的审美效果,实现人景相融的最佳效果。

例如,在办公室或外出处理一般类型的公务,服饰应符合一般的职业正装要求。

在庄重场合,比如参加会议、庆典仪式、正式宴会、商务或外事谈判、会见外宾等隆重庄严的活动,服饰应当力求庄重、典雅,凡是请柬上规定穿礼服的,可以按规定办事。在国外,按礼仪规范,有一般礼服、社交礼服、晨礼服、大礼服、小礼服的区分。在我国,一般以中山装套装、西服套装、旗袍等充当礼服。庄重场合,一般不宜穿夹克衫、牛仔裤等便装,更不能穿短裤或背心。

正式场合应严格符合穿着规范。比如,男士穿西装,一定要系领带,西装里面有背心的话,应将领带放在背心里面。西装应熨得平整,裤子要熨出裤线,衣领袖口要干净,皮鞋锃亮等。女士不宜赤脚穿凉鞋,如果穿长筒袜子,袜子口不要露在衣裙外面。

二、穿着与形体肤色相协调

人的身材有高矮胖瘦之分,肤色有深浅之差,这是上天赋予的,我们不能选择,但我们可以选择服饰的质地、色彩、图案、造型工艺,引起别人的各种错觉,达到美化自己的目的。

比如:身材稍胖者穿横条衣服会显得更胖。身材矮小者适宜穿造型简洁、色彩明快、小花型图案的服装。脖子短的人穿低领或无领衣可以使脖子显得稍长。

另外,中国人的皮肤颜色大致可以分为白净、偏黑、发红、黄绿和苍白等几种,穿着必须与肤色在色彩上相协调。肤色白净者,适合穿各色服装;肤色偏黑或发红者,忌穿深色服装;肤色黄绿或苍白的人,最适合穿浅色服装。

三、服饰的色彩哲学

色彩因其物理特质,常对人的生理感觉形成刺激,诱发人们的心理定式和联想等心理活动。色彩还具有某种社会象征性,许多色彩象征着某种性格、情感、追求等。如:

黑色，象征神秘、悲哀、静寂、死亡，或者刚强、坚定、冷峻；

白色，象征纯洁、明亮、朴素、神圣、高雅、怡淡、空虚、无望等；

黄色，象征炽热、光明、庄严、明丽、希望、高贵、权威等；

大红，象征活力、热烈、激情、奔放、喜庆、福禄、爱情、革命等；

粉红，象征柔和、温馨、温情等；

紫色，象征高贵、华贵、庄重、优越等；

橙色，象征快乐、热情等；

褐色，象征谦和、平静、沉稳、亲切等；

绿色，象征生命、新鲜、青春、新生、自然、朝气等；

浅蓝，象征纯洁、清爽、文静、梦幻等；

深蓝，象征自信、沉静、平稳、深邃等；

灰色是中间色，可象征中立、和气、文雅等。

服饰色彩搭配的基本方法一般包括同色搭配法、相似搭配法和主辅搭配法三种。同色搭配法是指把同一颜色按深浅、明暗不同进行搭配，如浅灰配深灰、墨绿配浅绿等；相似搭配法是指邻近色的搭配，如橙色配黄色、黄色配草绿、白色配灰色等；主辅搭配法则是指以一种色彩为整体的基调，再适当辅以一定的其他色的搭配。但无论如何，服饰配色都要坚持一条最为基本的原则，即调和。一般来说，黑、白、灰三色是配色中的最安全色，最容易与其他色彩搭配以取得调和的效果。

再有，值得注意的是，服饰色彩还应与一个人的身材、肤色等协调一致，比如深色有收缩感，适宜身材胖者穿戴，而浅色的料子有扩张性，身材瘦小者穿上后有丰腴的效果。

实训内容二　男士西装穿着

实训步骤：
1. 阅读相关知识
2. 认识西装
3. 了解西装的穿着规范
4. 穿着西装
5. 学生互评，教师总结

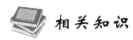 相关知识

一、认识西装

西装是一种国际性服装，穿起来给人一种彬彬有礼、潇洒大方的深刻印象，所以现

在越来越多地被用于正式场合,各星级酒店也更多地以西装为职业装。我们这里重点来介绍一下男士着西装的礼仪。

(1)按西装的件数来划分。

①两件套(上装和下装)西装。

②三件套(上装、下装、西装背心)西装。

③单件西装。

(2)按西装的纽扣来划分。

①单排扣西装(1粒、2粒、3粒)。

②双排扣西装(2粒、4粒、6粒)。

(3)按适用场合不同来划分。

①正装西装。

②休闲西装。

二、西装衬衫的穿着规范

与西装配套的衬衫应为"正装衬衫"。一般来讲,正装衬衫具有以下特征:

(1)面料:应为高织精纺的纯棉、纯毛面料,或以棉、毛为主要成分的混纺衬衫。条绒布、水洗布、化纤布、真丝、纯麻皆不宜选。

(2)颜色:必须为单一色。白色为首选,蓝色、灰色、棕色、黑色亦可;杂色、过于艳丽的颜色(如红、粉、紫、绿、黄、橙等色)有失庄重,不宜选。

(3)图案:以无图案为最佳,有较细竖条纹的衬衫有时候在商务交往中也可以选择。但是,切忌竖条纹衬衫配竖条纹西装或方格衬衫配方格西装。

(4)领型:以方领为宜,扣领、立领、翼领、异色领不宜选。衬衫的质地有软质和硬质之分,穿西装要配硬质衬衫。尤其是衬衫的领头要硬实挺括,要干净,不能太软或油迹斑斑,否则最好的西装也会被糟蹋。

(5)衣袖:正装衬衫应为长袖衬衫。

(6)穿法讲究。

①衣扣。衬衫的第一粒纽扣,穿西装打领带时一定要系好,否则松松垮垮,给人极不正规的感觉。相反,不打领带时,一定要解开,否则给人感觉好像是你忘记了打领带。再有,打领带时衬衫袖口的扣子一定要系好,而且绝对不能把袖口挽起来。

②袖长。衬衫的袖口一般以露出西装袖口以外1.5厘米为宜。这样既美观又干净,但要注意衬衫袖口不要露出太长,那样就过犹不及了。

③下摆。衬衫的下摆不可过长,而且下摆要塞到裤子里。我们经常见到某些服务行业的女员工,穿着统一的制式衬衫,系着领结,衬衫的下摆却没有塞到裤裙中去,给人一种不伦不类、很不正规的感觉。

④不穿西装外套只穿衬衫打领带仅限室内,而且正式场合不允许。

三、领带

领带是男士在正式场合的必备服装配件之一，它是男士西装的重要装饰品，对西装起着画龙点睛的重要作用。所以，领带通常被称作"男子服饰的灵魂"。

（1）面料：质地一般以真丝、纯毛为宜，档次稍低点就是尼龙的了。绝不能选择棉、麻、绒、皮革等质地的领带。

（2）颜色：一般来说，服务人员尤其是酒店从业者应选用与自己制服颜色相称、光泽柔和、典雅朴素的领带为宜，不要选用那些过于显眼花哨的领带。所以，颜色一般选择单色（蓝、灰、棕、黑、紫色等较为理想），多色的则不应多于三种颜色，而且尽量不要选择浅色、艳色。

另外，在涉外场合，我们与不同国家友人交往时应注意不同的礼仪。一般来讲，与英国人交往时，不要系带条纹的领带。另外，法国人不戴红、白、蓝三色混合的领带。

（3）图案：领带图案的选择要坚持庄重、典雅、保守的基本原则，一般为单色无图案，宜选择蓝色、灰色、咖啡色或紫色，或者选择点子或条纹等几何图案。

（4）款式：不能选择简易式领带。

（5）质量：外形美观、平整，无挑丝、无疵点、无线头，衬里毛料不变形、悬垂挺括、较为厚重。

（6）打法讲究。

①注意场合：打领带意味着郑重其事。

②注意与之配套的服装：西装套装非打不可，夹克等则不能打。

③注意性别：领带为男性专用饰物，女性一般不用，除非制服和作装饰用。

④长度：领带的长度以自然下垂最下端（即大箭头）及皮带扣处为宜，过长过短都不合适。

领带系好后，一般是两端自然下垂，宽的一片应略长于窄的一片，绝不能相反，也不能长出太多，如穿西装背心，领带尖不要露出背心。

⑤领带夹：领带夹有各种型号款式，用法虽然各异，功能却一致，无非是固定领带。

我们选择领带夹时，一定要用高质量的。质地粗劣的廉价品不但会损坏领带，而且会降低自己的身份。

正确地使用领带夹，要注意夹的部位。一般来讲，对于五粒扣的衬衫，将领带夹夹在第三粒与第四粒纽扣之间；六粒扣的衬衫，夹在第四粒与第五粒扣子之间。还有一条规则，就是系上西装上衣的第一粒纽扣尽量不要露出领带夹。

在西方，现在越来越多的白领人士不用领带夹，他们选择把窄的一片放到宽的一片背部的商标里。因为，无论多么高级的领带夹，使用不当，都有可能损坏领带。

⑥结法：挺括、端正、外观呈倒三角形。

四、西裤

①因西装讲究线条美,所以西裤必须要有中折线。
②西裤长度以前面能盖住脚背,后边能遮住1厘米以上的鞋帮为宜。
③不能随意将西裤裤管挽起来。

五、皮鞋和袜子

1. 皮鞋

首先,穿整套西装一定要穿皮鞋,不能穿旅游鞋、便鞋、布鞋或凉鞋,否则是会令人发笑的,显得不伦不类。

其次,在正式场合穿西装,一般穿黑色或咖啡色皮鞋较为正规。但需要注意的是,黑色皮鞋可以配任何颜色的西装套装,而咖啡色皮鞋只能配咖啡色西装套装。白色、米黄色等其他颜色的皮鞋均为休闲皮鞋,只能在游乐、休闲的时候穿着。

2. 袜子

穿整套西装一定要穿与西裤、皮鞋颜色相同或较深的袜子,一般为黑色、深蓝色或藏青色,绝对不能穿花袜子或白色袜子。

六、西装的扣子

西装的扣子有单排扣与双排扣之分。单排扣有1粒、2粒、3粒;双排扣有2粒、4粒和6粒。

单排扣的西装穿着时可以敞开,也可以扣上扣子。按照规矩,西装上衣的扣子在站着的时候应该扣上,坐下时才可以敞开。单排扣西装的扣子并不是每一粒都要系好的:单排扣1粒的扣与不扣都无关紧要,但正式场合应当扣上。2粒的应扣上上面的一粒,底下的一粒为样扣,不用扣。对于2粒扣子的单排扣西装有这么四句话,可以帮助我们记忆:"系上面一粒是正规,不系是潇洒,两个都系上是土气,只系下面一粒是流气。"3粒扣子的扣上中间一粒,上下各一粒不用扣。

双排扣的西装要把扣子全系上。双排扣西装最早出现于美国,曾经在意大利、德国、法国等欧洲国家很流行,不过现在已经不多见了。现在穿双排扣西装比较多的应当数日本了。

西装背心有6粒扣与5粒扣之分。6粒扣的最底下的那粒可以不扣,而5粒扣的则要全部都扣上。

七、西装的口袋

西装讲求以直线为美。所以,西装上面很多口袋为装饰袋,是不能装东西的。我们知道,男性也有许多小东西,如果在穿西装时不注意,一个劲地往口袋里装,弄得鼓鼓囊囊囊,那么肯定会破坏西装直线的美感,这样既不美观,又有失礼仪。

穿西装尤其强调平整、挺括的外观,这样线条轮廓清楚,伏贴合身。这就要求上衣口袋只作装饰,不可以用来装任何东西,但必要时可装折好花式的手帕。

西装左胸内侧衣袋,可以装票夹(钱夹)、小日记本或笔。右胸内侧衣袋,可以装名片、香烟、打火机等。

裤兜也与上衣口袋一样,不能装物,以求裤型美观。但裤子后兜可以装手帕、零用钱等。

千万需要注意的是,西装的衣袋和裤袋里,不宜放太多的东西。而且,把两手随意插在西装衣袋和裤袋里,也是有失风度的。如要携带一些必备物品,可以装在手提袋或手提箱里,这样不但看起来干净利落,也能防止衣服变形。

八、男士着西装"三个三"

在商务交往和正式社交场合,男士着西装要注意以下三个方面:

(1)三色原则:正式场合,着西装套装全身上下不超过三种颜色。

(2)三一定律:着西装正装,腰带、皮鞋、公文包应保持同一颜色,如黑色。

(3)三大禁忌:西装左袖的商标没有拆;穿白色袜子、尼龙袜子出现在正式场合;领带的打法出现错误。

实训内容三 女士套裙穿着

实训步骤:
1. 阅读相关知识
2. 准备西装套裙,按照所学知识进行着装
3. 学生互评,教师总结(需强调着装规范、禁忌)

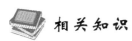

相关知识

一、女士西装套裙

女士套裙分为两种基本类型:一为"随意型"套裙,即以女士西装上衣同随便的一条裙子进行自由搭配与组合;二为"成套型"/"标准型"套裙,女士西装上衣和与之同时穿着的裙子为成套设计制作而成的。严格地讲,套裙事实上指的仅仅是后一种类型。

套裙的款式可分为两件套、三件套两种。

1. 套裙的选择

(1)面料:女士套裙面料选择的余地要比男士西装大得多,宜选纯天然质地且质量上

乘的面料。上衣、裙子、背心要求同一面料。讲究均匀、平整、滑润、光洁、丰厚、柔软、悬垂、挺括,不仅要求弹性好、手感好,而且不起皱、不起毛、不起球。可选纯毛面料(薄花呢、人字呢、女士呢、华达呢、凡尔丁、法兰绒)、府绸、丝绸、亚麻、麻纱、毛涤、化纤面料,绝对不可选皮质面料。

(2)颜色:以冷色调为主,以体现着装者典雅、端庄、稳重的气质,颜色要求清新、雅气而凝重,忌鲜艳色、流行色。与男士西装不同,女士套裙不一定非要深色。各种加入了一定灰色的颜色都可选,如藏青、炭黑、烟灰、雪青、茶褐、土黄、紫红等。且不受单一色限制,可上浅下深、下浅上深。但需要注意的是,全身颜色不应超过三种。

(3)图案:讲究朴素简洁,以无图案最佳,或选格子、圆点、条纹等图案。

(4)点缀:不宜添加过多点缀,以免琐碎、杂乱、低俗、小气,有失稳重。有贴布、绣花、花边、金线、彩条、扣链、亮片、珍珠、皮革等点缀的不选。

(5)尺寸:包括长短和宽窄两方面。

传统观点认为:裙短则不雅,裙长则无神。

欧美国家公司女职员着装规则:上衣不宜过长,下裙不宜过短。

目前,女士裙子一般有三种形式:及膝式、过膝式、超短式。(白领女性超短裙裙长应不短于膝盖以上15厘米。)

套裙有四种基本形式:上长下长式、上长下短式、上短下长式、上短下短式。

从宽窄的角度讲,上衣可分为松身式、紧身式(倒梯形造型)两种,前者时髦,后者比较正统。

(6)造型。

①"H"形。上衣宽松,裙子为筒式。(让着装者显得优雅、含蓄,为身材胖者遮丑。)

②"X"形。上衣紧身,裙子为喇叭状。(上宽下松,突出腰部纤细。)

③"A"形。上身紧身,下裙宽松式。(体现上半身的身材优势,又适当掩盖下半身身材劣势。)

④"Y"形。上身松身式,裙子紧身式(以筒式为主)。(遮掩上半身短处,表现下半身长处。)

(7)款式:衣领多样,衣扣多样(无扣式、单排式、双排式、明扣式、暗扣式),裙子形式多样(西装裙、一步裙、围裹裙、筒式裙、百褶裙、旗袍裙、开衩裙、A字裙、喇叭裙)。

2.套裙的穿法

(1)大小适度:上衣最短齐腰,裙子可达小腿中部,袖长刚好盖住手腕;整体不过于肥大、紧身。

(2)穿着到位:衣扣要全部扣好,不允许随便脱掉上衣。

(3)考虑场合:商务场合宜穿,宴会、休闲等场合不宜。

(4)协调妆饰:高层次的穿着打扮,讲究着装、化妆和佩饰风格的统一。

(5)兼顾举止。

3. 套裙的搭配

（1）衬衫：面料应轻薄柔软（宜真丝、麻纱、府绸、罗布、涤棉），颜色应雅致端庄（宜白色，或单色不鲜艳者），无图案，款式保守。另须注意：衬衫下摆掖入裙内，纽扣系好，衬衫公共场合不能直接外穿。

（2）内衣、衬裙：不外露、不外透、颜色一致、外深内浅。

（3）鞋袜：黑色牛皮为首选，或与套裙颜色一致（但鲜红、明黄、艳绿、浅紫等不宜）。袜子应为单色，肉色为首选，还可选黑色、浅灰、浅棕。

4. 职业女性着裙装"五不准"

商务交往中，职业女性着裙装应注意"五不准"：

①黑色皮裙不能穿。

②正式的高级的场合不光腿，尤其是隆重正式的庆典仪式。

③袜子不能出现残破。

④不准鞋袜不配套。

⑤不能出现"三截腿"。

二、酒店从业者着装的基本要求

（1）在工作岗位上要穿制服。

酒店从业人员上班在岗必须要穿制服，这是一般的行业要求。制服外衣、衬衫、鞋袜配套，要注意整洁美观。

（2）穿制服要佩戴工号牌（左胸上方）。

（3）制服要整齐挺括。

制服必须合身，注意四长（袖至手腕、衣至虎口、裤至脚面、裙至膝盖）、四围（领围以插入一指大小为宜，上衣的胸围、腰围及裤裙的臀围以穿一套羊毛衣裤的松紧为宜）；内衣不能外露；不挽袖卷裤；不漏扣，不掉扣；领带、领结与衬衫领口的吻合要紧凑且不系歪；衣裤不起皱，穿前烫平，穿后挂好。做到上衣平整、裤线笔直，款式简练、高雅，线条自然流畅，便于从事接待工作。

（4）制服应注意整洁。

制服的美观整洁既突出了接待人员的精神面貌，也反映了酒店的管理水平和卫生状况。穿制服要特别注意领子和袖口的洁净，做到衣裤无油渍、污垢、异味。如果所穿的制服又脏又皱，就会引起宾客的反感，容易使宾客产生不好的联想。对于一些习惯于用制服是否整洁来判断整个服务水准的宾客来说，制服平整洁净的意义就显得尤为重要。

（5）鞋袜须合适。

鞋是制服的一部分。每天应当把皮鞋擦得干净、光亮，破损的鞋子应及时修理或调换。通常男员工的袜子应与鞋子的颜色和谐，以黑色、深灰色最为普遍。女员工应穿与肤色相近的丝袜,袜口不要露在裤子或裙子外边。

(6)注意职场着装的禁忌。

接待人员身着制服上岗时要使之显示自己文明高雅的气质,主要是避免下述几个方面的禁忌：

①过分杂乱:在款式上的多样化。

②过分鲜艳:在颜色上超过了三种颜色,或是太过于鲜艳的颜色大面积使用。

③过分暴露:胸部、腹部、腋下、大腿,是公认的身着正装时不准外露的四大禁区。

④过分透视:身着制服若是过于单薄或透亮,弄不好就会让自己的内衣甚至身体的敏感部位"公之于众",使人十分难堪。

⑤过分肥大或短小:员工的工作制服,肥瘦大小必须合身。制服若是过分的肥大,会显得松松垮垮、无精打采;若是过分的瘦小,则又有可能造成工作不便。

⑥过分紧身:将身体紧紧捆绑。

实训作业

1.按照男士西装和女士套裙要求来着装,以小组为单位进行着装规范的交流。

2.为自己确定合适的日常着装,将搭配好的服装带到教室,与老师和同学交流自己的搭配心得。

实训考核

组别：_____ 姓名：_____ 时间：_____ 成绩：_____

	加分	扣分
听课认真程度		
着装准确程度		
日常着装美观程度		
参与实训认真程度		
实训作业完成程度		

实训项目四 　饰物

 实训目的

了解饰物搭配原则,掌握女士饰物的选择、女士饰物与日常服饰的搭配。

 实训课时

2课时

实训内容　饰品佩戴礼仪

实训步骤:

1. 阅读相关知识
2. 准备饰品佩戴实训材料或相应图片(如:戒指、项链、耳环、手镯和手链、胸花、胸针、珠宝、帽子、丝巾、手表、包)
3. 按照所学知识进行饰品佩戴
4. 学生互评,教师总结(对于佩戴的禁忌一定要强调)

 相关知识

一、女士饰品佩戴的原则

女士饰品佩戴是服饰礼仪的重要组成部分。饰品不仅具有美化的功能,同时还能传播一定的信息,具有一定的象征意义。在社交场合,女士应了解饰品佩戴的一些特殊意义以及佩戴饰品的一些技巧。

1. 饰品种类

目前,女士饰品是丰富多彩、五花八门的,大致有戒指、耳环、项链、手镯、脚链、胸针等。根据饰品的材料和质地又可分为三大类:①矿质类,如钻石、宝石、玉、水晶、玛瑙、翡翠等;②非矿质类,如珍珠、象牙、琥珀、珊瑚等;③仿制品类,如玻璃制品、陶瓷制品、木制品、人造珍珠、宝石、镀银和镀金制品等。

2. 饰品佩戴的原则

(1)季节原则。

饰品佩戴应考虑一年四季有别的原则。夏季以佩戴色彩鲜艳的工艺仿制品为好,可以体现夏日的浪漫；冬季则以佩戴一些金、银、珍珠等饰品为好，可以显现庄重典雅。

（2）场合原则。

女士赴宴或参加舞会等，可以佩戴一些较大的胸针，以期达到富丽堂皇之效；而平日上班或在家休闲时，可以佩戴一些小巧精致、淡雅的胸针、项链、耳环等。

（3）服饰协调原则。

饰品佩戴应与服饰相配。一般领口较低的袒肩服饰必须配项链，而竖领上装可以不戴项链。项链色彩最好与衣服颜色相协调。穿运动服或工作服时可以不戴项链和耳环。带坠子的耳环忌与工作服相配。

（4）体型相配原则。

脖子粗短者，不宜戴多串式项链，而应戴长项链；相反，脖子较瘦长者，可以戴多串式项链，以缩短脖子长度。宽脸、圆脸型和戴眼镜的女士，少戴或不戴大耳环和圆形耳环。

（5）年龄吻合原则。

年轻女士可以戴一些夸张的无多大价值的工艺饰品；相反，年纪较大的妇女应戴一些较贵重的比较精致的饰品，这样显得庄重、高雅。

（6）色彩原则。

戴饰品时，应力求同色，若同时佩戴两件或两件以上饰品，应使色彩一致或与主色调一致，千万不要打扮得色彩斑斓，像棵"圣诞树"。

（7）简洁原则。

戴饰品的一个最简单原则就是少而精，忌讳把全部家当全往身上戴，整个儿就像个饰品推销商，除了给人以俗气平庸的感觉外，没有任何美感。

因此，佩戴饰品时，应根据以上几个原则，选择出一件或两件最适合的饰品，以达到画龙点睛之效。服饰是一个整体，服装与服装、服装与饰物、饰物与饰物三者之间在款式、材料和色泽上的成功配套是服饰美化成功的基础。各种装饰用品与发型、脸型、肤色、年龄、环境的协调，将会取得更加良好的着装效果。佩戴饰物应力求完整，主体突出，若同时佩戴过多的饰物，不仅不会带来美感，反而会使人感觉杂乱无章。应根据不同的季节选用不同的装饰用品。

一般来说，在较为隆重、正规的场合，选用的饰品都应当档次高一些。如果用于公共场合，则不应过于鲜艳新潮，应精致而传统，以显示信誉。这个原则同样适用于整体服饰的佩戴。在商务场合，色彩鲜艳亮丽、造型新潮夸张的服饰容易给人产生不信任感；传统保守而做工精细的高档次服饰则会给人稳重老练的印象。

二、饰品佩戴的注意事项

饰品佩戴，一是找对自己的风格，另一个就是紧跟时尚，反正无论怎样搭配，衬托出个人风格与特性绝对没错。饰品佩戴的目的是提升人的气质，增加美感，达到锦上添花的效果。但是某些饰物的佩戴并非是随意性的，它往往有约定俗成的意义。对此，只有了解,才能在达到高雅美丽的同时,又合乎礼仪规范。

1. 佩戴戒指

戒指的种类繁多,常见的有线戒、嵌宝戒、钻戒、方板戒、银戒等。戒指的形状与手指必须相配合,如:手指粗短者,应选择椭圆形的戒指,可使粗短的手指显得较为修长;细长的手指可选择圆形的戒指;手指过长者可戴一朵有花纹或两枚重叠形戒指。褐色皮肤的手,戴上金戒指比较协调,有高雅感;手背肤色偏黑,可选暗褐色或黑色宝石戒指。

戒指一般戴在左手上,不要多于两个,但当代人戴在右手上也可以。戴两个戒指要左右对称,或在左手上连着戴。

按照风俗礼仪的习惯,戒指的佩戴已经形成了约定俗成的意义:戴在食指上,表示无偶或寻求恋爱对象;戴在中指上,表示已在恋爱中;戴在无名指上,表示已经订婚或结婚;戴在小指上,表示独身或者终身不嫁或不娶。

2. 佩戴项链

项链是佩戴时间长、范围广泛的重要首饰,其种类十分繁多,不胜枚举。其搭配对服装有很微妙的作用,恰当地使用,能散发出端庄的韵味。

比较常见的有三种:

一是金银项链,它是项链家族中最主要的成员。金项链有 24K、18K、14K 三种,含金量与 K 数成正比,银项链一般是 92.5% 的成色。

二是珠宝项链,主要由钻石、珍珠、玛瑙、翡翠、玉石等天然名贵材料制成,珠光宝气,雍容华贵。

三是仿制项链,是在金属或塑料制成的项链上镀上一层金或钛,或者采用多色有机玻璃仿制珠宝项链。其款式多样、价位低廉,很受年轻人欢迎。

戴项链时,要与服装、颈部和肤色相协调。

夏天因衣着单薄,佩戴金银、珠宝项链都很美。浅色的毛衫要佩戴深色或艳一些的宝石类项链;深色的毛衫可配紫晶或红玛瑙项链。脖子较粗的人应选择较细的项链,脖子较细的人则应选宽一些的。一般来说,老年人宜选质地上乘、工艺精细的项链,青年人可以选择质地颜色好、款式新颖的项链。

3. 佩戴耳环

耳环也叫耳坠,是女性耳垂的特殊饰物,种类繁多。它主要有有穗式和无穗式两大类。有穗式分单穗和双穗,无穗式又有大圆、小圆、椭圆、葡萄等花样。

大致说来,耳环的设计可分为穿耳洞的、夹式的和扭转式的。穿耳洞的耳环佩戴比较麻烦,但是样式精巧,选择也多。

①圆脸型、丰满脸型者,可以配上尖形的耳环,使脸看起来较细长。

②长脸型者,配上纽扣形的耳环,可使脸部显得较宽。

③椭圆脸型者,各式耳环皆可佩戴。

④身材纤细瘦小的人,应戴小巧秀气的耳环,如果是大耳环,会使人看起来头重脚轻。

⑤身材高大的、脸型宽大的女性,应戴大型的耳环,才能衬出大方的气质。

⑥方形脸者,可戴长圆或回形设计的耳环,以减少棱角感。

⑦如果已戴有镶着碎钻的眼镜,或是打算佩戴好几串项链时,最好不要再戴耳环,以免显得俗气。

4. 手镯和手链

手镯很久以来就是女性的装饰物,也是男女之间相互馈赠的信物和定情首饰。手镯有传统的金手镯、银手镯、翡翠手镯、琳琅手镯、嵌宝手镯等。手链主要有表式手链、花式手链、多用式手链等。

戴手镯和手链很有讲究。手镯一般戴在右臂上,表明佩戴者是自由而不受约束的;如果戴在左臂上,表明已经结婚。一般来讲,一只手上不宜同时戴两只或两只以上的手镯、手链,也不要一只手腕既戴手表又戴手镯。

手链多用金、银及镀金、包金编花丝制成,纤丽精巧,很受现代女性青睐。

如果戴手镯、手链和耳环等装饰,一般可以省去项链,或只戴短项链为宜,以免三者争辉,影响美感。

5. 胸花与胸针

胸花应根据服装的色彩、面料、款式来选用。红色衣裙配以黄色、本色胸花,形成暖调的和谐美;白色衣裙配上天蓝色或翠绿色胸花,形成冷调的协调美。

穿着高贵质料服装时,如果再配上一枚镶着宝石的胸针,将会显得格外靓丽。

胸针可别在胸前,也可别在领口、襟头等位置。胸针的选择要以质地、造型、做工精良为标准。胸针式样要注意与脸型协调。长脸型宜配圆形的胸针;圆脸型应配以长方形胸针;如果是方脸型,适宜用圆形胸针。

①穿裤装、裙装和便装时,可以戴动物、人像、瓜果设计图案的胸针。

②年纪较大的女性,最好佩戴嵌有珠宝而富价值感的胸针,可以衬托出一种高雅持重的气质。

③年轻的女孩则不宜戴得珠光宝气,应选式样活泼或景泰蓝质料的胸针,如果戴贵重的胸针,反而易显得老气。

④胸针的颜色最好与衣服颜色产生深浅对比,以收牡丹绿叶之效。

三、饰物佩戴技巧

饰物要大方得体,不宜过多,不戴叮当作响的手链、念珠,不佩戴过长的吊挂式耳环,也不要同时戴上几枚戒指。佩戴首饰必须坚持以下几条原则:第一,应当顺从有关传统和习惯。第二,不要使用粗制滥造之物,戴就要戴质地、做工俱佳的首饰。第三,佩戴首饰要注意场合,只有在交际应酬时佩戴首饰才最合适。

1. 手提包

作为整体的一个重要部分,手提包的选择和花色都得花一番心思。手提包的风格要稳重,不携带体育用包或叮当作响的发光的包。另外,不要把包塞得满满的,应充分利用它作为公文包带在身边。年轻女子持上很有韵味的手提式包比较干练,适用于女性管理人员、办事人员等;手提式手包适用于中老年人,显得沉稳端庄。同时,选择手袋(包)要考虑到衣服的颜色,白色或黑色手袋可配任何颜色的衣服。身材高大的女性,不宜用太小的包;身材矮小的女性,包不宜过大,因为不相称的对照只会强调身材的缺陷。

2. 帽子

不管是否戴帽子,都必须持谨慎态度。假如你认为你的帽子与你全身很相配,就请选择一项既无饰边也不艳丽却很雅致的帽子。一般有面纱的松软宽边的法式帽子在生意场上易使人心烦。

3. 珠宝

如果你觉得不戴珠宝会显得寒酸,你可以别枚胸针或戴条精致的项链、一枚戒指或手镯,但不要把这些东西都一起戴上,这会使你显得俗气。因此,戴珠宝的最重要原则是少则美。

实训作业

搭配自己满意的饰物,拍成照片,发到班级学习群,共享、点评、提升。

实训考核

组别:_____　　姓名:_____　　时间:_____　　成绩:_____

	加分	扣分
听课认真程度		
观看视频认真程度		
日常饰物搭配美观程度		
参与实训认真程度		
实训作业完成程度		

实训项目五　站姿

 实训目的

掌握男士、女士正确站姿。

 实训课时

2课时

实训内容　站姿

实训步骤：
1. 阅读相关知识
2. 了解站姿步位
3. 了解站姿手位
4. 练习站姿
5. 分小组比赛，教师点评（需强调站姿的禁忌）

 相关知识

站姿是生活中最基本的造型动作。可以说，站姿是一个人所有姿态的根本，如果站姿不标准，其他姿势便谈不上优美。

一、站姿的规范要求

1. 头正

两眼平视前方，嘴微闭，收颔梗颈，表情自然，稍带微笑。

2. 肩平

两肩平正，微微放松，稍向后下沉。

3. 臂垂

两肩平正，两臂自然下垂，中指对准裤缝。

4. 躯挺

胸部挺起，腹部往里收，腰部正直，臀部向内向上收紧。

5. 腿并

两腿立直,贴紧,脚跟靠拢,两脚夹角成 60°。

正确的站立能够帮助呼吸和改善血液循环,减轻身体疲劳。尤其是服务业员工基本都是站立服务,更应注意站姿。

二、站姿步位

1. 男士步位

(1) V 字步:双脚呈 V 字形,即膝和脚后跟要靠紧,两脚张开的距离约为两拳。

(2) 丁字步:双脚呈丁字站立,分左、右丁字步。

(3) 平行式:男士站立时,可并拢,也可双脚叉开,叉开时,双脚与肩同宽。

2. 女士步位

(1) V 字步:双脚呈 V 字形,即膝和脚后跟要靠紧,两脚张开的距离约为一拳。

(2) 丁字步:双脚呈丁字站立,分左、右丁字步。

(3) 平行式:女士站立时,可并拢。

(4) 前屈膝式:女士站立时可把重心放在一脚上,另一脚超过前脚斜立而略弯曲。

三、站姿手位

1. 男士站姿手位

男性的站姿要有男性的气质,要表现出男性的刚健、强壮、粗犷、剽悍、英武、威风之貌,给人一种"劲"的壮美感。

(1) 叉手:两手在腹前交叉,右手搭在左手上直立。这种站姿,男士可以两脚分开,距离不超过 20 厘米。

这种站姿端正中略有自由,郑重中略有放松。在站立中身体重心还可以在两脚间转换,以减轻疲劳,这是一种常用的接待站姿。

这种站姿优美中略带威严,易产生距离感,所以常用于门童和保卫人员。如果两脚改为并立,则突出了尊重的意味。

(2) 背手:双手在身后交叉,右手贴在左手外面,贴在两臀中间。两脚可分可并。分开时,不超过肩宽,脚尖展开,两脚夹角成 60°,挺胸立腰,收颌收腹,双目平视。

(3) 背垂手:一手背在后面,贴在臀部,另一手自然下垂,手自然弯曲,中指对准裤缝,两脚可以并拢也可以分开,也可以成小丁字步。这种站姿,男士多用,显得大方自然、洒脱。

2. 女士站姿手位

女性的站姿要有女性的特点,要表现出女性的温顺、娇巧、纤细、轻盈、娴静、典雅之姿,给人一种"静"的优美感。

(1)叉手:右手握左手,四指相握,拇指内扣。这种站姿,女士可以用小丁字步,即一脚稍微向前,脚跟靠在另一脚内侧。

(2)上下握手:左手掌心向上,四指弯曲,右手掌心向下,握住左手。

以上几种站姿密切地联系着岗位工作,在日常生活中适当的运用,会给人们挺拔俊美、庄重大方、舒展优雅、精力充沛的感觉。要掌握这些站姿,必须经过严格的训练,长期坚持,形成习惯。

四、站姿禁忌

对服务行业尤其是酒店行业来说,站立时最忌讳的是:

1. 东倒西歪

工作时东倒西歪,站没站相,很不雅观。

2. 耸肩勾背

耸肩勾背或者懒洋洋地倚靠在墙上或椅子上,这些将会破坏自己和企业的形象。

3. 双手乱放

将手插在裤袋里,随随便便,悠闲散漫,这是不允许的。双手交叉在胸前,这种姿势容易使客人有受压迫之感,倘若能将手臂放下,用两手相握在前身,立刻就能让对方感受轻松舒适多了。另外,双手抱于脑后、双肘支于某处、双手托住下巴、手持私人物品皆不可。

4. 脚位不当

人字步、蹬踏式、双腿大叉都是不允许的。

5. 做小动作

下意识地做小动作,如摆弄打火机、香烟盒、玩弄衣服、发辫、咬手指甲、腿脚抖动等,这样不但显得拘谨,给人以缺乏自信的感觉,而且还有失仪表的庄重。

五、站姿的练习

把身体背着墙站好,使你的后脑、肩、臂部及足跟均能与墙壁紧密接触,这说明你的站立姿势是正确的,假若无法接触,那就是你的站立姿势不正确。

1. 辅助练习

第一,提踵:脚跟提起,头向上顶,身体有被拉长的感觉。注意保持姿态稳定,练习平衡感。

第二,两人一组,背靠背站立:脚跟、腿肚、臀部、双肩和后脑勺贴紧。此练习可训练站立时的挺拔感,为加强效果可在五个触点夹上夹板。

第三,背靠墙练习。

2.站姿注意事项

站立时,竖看要有直立感,即以鼻子为中线的人体应大体成直线;横看要有开阔感,即肢体及身段应给人舒展的感觉;侧看要有垂直感,即从耳至脚踝骨应大体成直线。男女的站姿亦应形成不同的风格。男士的站姿应刚毅洒脱,挺拔向上;女士应站得庄重大方,秀雅优美。

站立交谈时,身体不要倚门、靠墙、靠柱,双手可随说话的内容做一些手势,但不能太多太大,以免显得粗鲁。良好的站姿应该有挺、直、高的感觉,真正像松树一样舒展、挺拔、俊秀。

实训作业

将自己练习站姿的照片发到班级学习群里,共享、点评、提升。

实训考核

组别:_____ 姓名:_____ 时间:_____ 成绩:_____

	加分	扣分
听课认真程度		
观看视频认真程度		
模拟练习效果		
参与实训认真程度		
实训作业完成程度		

实训项目六 坐姿

 实训目的

掌握男士、女士正确坐姿。

 实训课时

2课时

实训内容 男士、女士坐姿

实训步骤：

1. 阅读相关知识
2. 练习女士坐姿
3. 练习男士坐姿
4. 教师强调坐姿注意事项
5. 再次练习男士、女士坐姿
6. 分小组比赛，教师点评（强调注意事项和练习的意义）

 相关知识

所谓坐有坐相，是指坐姿要端正。优美的坐姿让人觉得安详舒适，而不是一副懒洋洋的模样。

一、坐姿的规范要求

坐姿大有讲究。中国古代就有端坐、危坐、斜坐、跪坐和盘坐之分。现代没有太多的讲究，但是坐正是非常必要的。从医学角度来说，正确的坐姿有利于健康；从交际角度来讲，正确的坐姿有利于个人的形象；从礼仪角度来讲，正确的坐姿是对自己和对别人的尊重。

人的正确坐姿为：在其身后没有任何倚靠时，上身应正直而稍向前倾，头平正，两肩放松，下巴向内收，脖子挺直，胸部挺起，并使背部与臀部成一直角，双膝并拢，双手自然地放在双膝上，或放在椅子上。这样显得比较精神，但不宜过于死板、僵硬。

背后有倚靠时，在正式社交场合里，也不能随意地把头向后仰靠，显出很懒散的样子。

二、女士坐姿

1. 落座与起座

落座时要求动作轻、缓,走近座椅时,转身,用腿去碰座椅,然后轻轻坐下,将腿、手调整到位,如果着裙装,需用无名指和小指捋一下裙摆。起座时要求动作迅速,先将腿收回,两脚用力蹬地,起身,起身后向前、向右移开一小步,后退两三步方可离去。

2. 女士的八种优美坐姿

(1)标准式。

轻缓地走到座位前,转身后两脚成小丁字步,左前右后,两膝并拢的同时上身前倾,向下落座。如果穿的是裙装,在落座时要用双手在后边从上往下把裙子拢一下,以防坐出折皱或因裙子被打皱坐住,而使腿部裸露过多。

坐下后,上身挺直,两肩平正,两肩自然弯曲,两手交叉叠放在两腿中部,并靠近小腹,两膝并拢,小腿垂直于地面,两脚保持小丁字步。

(2)前伸式。

在标准坐姿的基础上,两小腿向前伸出一脚的距离,脚尖不要翘起。

(3)前交叉式。

在前伸式坐姿的基础上,右脚后缩,与左脚交叉,两踝关节重叠,两脚尖着地。

(4)屈直式。

右脚前伸,左小腿屈回,大腿靠紧,两脚前脚掌着地,并在一条直线上。

(5)后点式。

两小腿后屈,脚尖着地,双膝并拢。

(6)侧点式。

两小腿向左斜出,两膝并拢,右脚跟靠拢左脚内侧,右脚掌着地,左脚尖着地,头和身躯向左斜。注意大腿小腿要成90°,小腿要充分伸直,尽量显示小腿长度。

(7)侧挂式。

在侧点式的基础上,左小腿后屈,脚绷直,脚掌内侧着地,右脚提起,用脚面贴住左踝,膝和小腿并拢,上身右转。

(8)重叠式。

重叠式也叫"二郎腿"或"标准式架腿"等。在标准式的基础上,两腿向前,一条腿提起,脚窝落在另一条腿的膝关节上边。要注意上边的腿向内收,贴住另一条腿,脚尖向下。

重叠式还有正身、侧身之分,手部也有交叉、托肋、扶把手等多种变化。

二郎腿一般被认为是一种带有不严肃、不庄重感的坐姿,尤其是女士不宜采用。其实,这种坐姿常常被采用,因为只要注意上边的小腿往回收、脚尖向下这两个要求,不仅外观优美文雅,大方自然,富有亲切感,而且还可以充分展示女性的风采和魅力。

三、男士的六种优美坐姿

1. 标准式

上身正直上挺,双肩平正,两手放在两腿或扶手上,双膝并拢,小腿垂直地落在地面,两脚自然分开成45°。

2. 前伸式

在标准式的基础上,两小腿前伸一脚的长度,左脚向前半脚,脚尖不要翘起。

3. 前交叉式

小腿前伸,两脚踝部交叉。

4. 屈直式

左小腿回屈,前脚掌着地,右脚前伸,双膝并拢。

5. 斜身交叉式

两小腿交叉向左斜出,上体向右倾,右肘放在扶手上,左手扶把手。

6. 重叠式

右腿叠在左腿膝上部,右小腿内收、贴向左腿,脚尖自然地向下垂。

四、坐姿手臂位置的摆放

1. 放在两条大腿上

①双手各自放在一条大腿上;②双手叠放;③双手相握。

2. 放在一条大腿上

侧身与人交谈时,宜将双手叠放或相握放在自己所侧一方的那条大腿上。

3. 放在皮包文件上

当穿短裙的女士面对男士而坐,而身前没有屏障时,为避免"走光",一般可将自己随身携带的皮包或文件放在并拢的大腿上。随后,即可将双手扶、叠或握后置于其上。

4. 放在身前桌子上

①双手平扶在桌子边沿上;②双手相握置于桌上;③双手叠放在桌上。

5. 放在身旁的扶手上

①正身而坐时,宜将双手扶在两侧扶手上;②侧身而坐时,则应将双手叠放或相握后,置身一侧的扶手上。

五、坐姿注意事项

①入座轻缓,起座稳重。入座时走到座位前再转身,转身后右脚略向后退,轻稳入

座。站立时,右脚先向后收半步,然后站起("左入左出"的原则)。

②女士落座双膝必须并拢,双手自然弯曲放在膝盖和大腿上。如坐在有扶手的沙发上,男士可将双手分别搭在扶手上,而女士最好只搭一边,以示高雅。

③不要坐满椅子。可就坐的服务员,无论坐在椅子或沙发上,最好不要坐满,只坐椅子的一半或三分之二,注意不要坐在椅子边上。在餐桌旁,注意膝盖不要顶着桌子。

④切忌脚尖朝天。最好不要随意跷二郎腿,即使跷二郎腿,也不要跷得太高,脚尖朝天。这在泰国会被认为是有意将别人踩在脚下,盛气凌人,是一种侮辱性举止。

⑤切忌前俯后仰、东倒西歪。

⑥不可摇腿、抖脚。坐立时,腿部不可上下抖动,左右摇晃。

⑦忌双脚直伸出去。

⑧忌以手触摸脚部。

⑨忌以脚自脱鞋袜。

⑩忌脚放上桌椅。

⑪忌手部置于桌下。双手应在身前有桌时置于其上。

⑫忌手夹于两腿间或双手抱在腿上。

⑬忌肘部支于桌上。

⑭忌头部靠于椅背。

⑮坐的时间长了想靠在沙发背上是可以的,但不可把脚一伸,半躺半坐,更不可歪歪斜斜地瘫坐在沙发上。

六、坐姿训练

1. 入座

入座时,走到座位前,转过身来背对座椅,右脚向后撤半步,从容不迫地慢慢坐下,动作要轻。然后,右脚与左脚并齐,在座位前放好。此时注意不要将双脚放在椅子下面,也不要把腿向前伸出很远。女士入座前,用手把裙子向前拢一下,入座动作要优雅。

2. 练习坐姿

注意上半身挺直,不要东倒西歪。此时,上半身的动作要领与站立时很相似,应做到挺胸、收腹、立腰,微收下颌,脊柱向上伸直。一般人应坐满椅面,服务人员工作时则只坐椅子三分之二。如果是靠背椅或沙发,只坐其二分之一或三分之一即可,以保证双脚可以自如地平放在地面上,此时背部不应再靠椅背或沙发背。总之,背部与臀部要成一直角。

3. 坐时双手、双脚的摆放

双手可以平放在双膝上;也可以双手相叠,放在一腿的中间部;还可以一只手放在扶手上,另一只手仍在腿上,掌心应向下。两腿可以同时侧向一方,比如侧向右侧,则右脚向前,右脚跟与左脚掌内侧中心相靠,双膝并拢。还可以将一腿叠在另一腿上,但不要翘得太高,一定注意翘起的腿脚尖朝向地面;也可以双膝并拢,把右脚从左脚外侧伸出,使两脚外侧相靠。

4.两个人并排坐,可以练习与人谈话时的动作

注意身体与腿同时转向谈话方的一侧。

5.练习离座

右脚后收半步,两脚尖点地,身体借力顺势向上站起,随即向前走一步,再转身离开。注意站起时动作要轻。

 实训作业

发两张自己练习坐姿的照片到班级学习群,分享、点评、巩固提高。

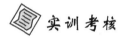 **实训考核**

组别:_____　　姓名:_____　　时间:_____　　成绩:_____

	加分	扣分
听课认真程度		
观看视频认真程度		
模拟练习效果		
参与实训认真程度		
实训作业完成程度		

实训项目七 走姿

 实训目的

掌握男士、女士正确走姿。

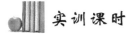 **实训课时**

2课时

实训内容 走姿

实训步骤：
1. 阅读相关知识
2. 练习女士走姿
3. 练习男士走姿
4. 教师强调走姿注意事项
5. 再次练习男士、女士走姿
6. 分小组比赛，教师点评

 相关知识

一、走姿的规范要求

①上身挺直，双肩平稳，目光平视，下颌微收，面带微笑。

②挺胸、收腹，使身体略微上提。

③手臂伸直放松，手指自然弯曲，双臂自然摆动。摆动时，以肩关节为轴，上臂带动前臂，双臂前后摆动时，摆幅以 30°～35°为宜，肘关节略弯曲，前臂不要向上甩动。

④步幅不要太大，跨步时两脚间的距离适中，以一个脚长为宜，步速保持相对稳定，既不要太快，也不能太慢（60～100 步/分钟）。

⑤女士行走时，走直线交叉步，上身不要晃动，尽量保持双肩水平。

二、职业装的走姿规范要求

1.穿西装的走姿要求

西装以直线为主，应当体现穿着者的挺拔身姿和优雅的风度。穿西装时，后背保持平正,两脚立直,走路的步幅可略大些,手臂放松伸直摆动,手势简洁大方。行走时男士不要晃动,女士不要左右摆髋。

2. 穿西装套裙的走姿要求

西装套裙多以半长筒裙与西装上衣搭配,所以着装时应尽量表现出职业装的干练、洒脱的风格特点,要求步履轻盈、敏捷、活泼,步幅不宜过大,可用稍快的步速节奏来调和,以使走姿活泼灵巧。

3. 穿旗袍的走姿要求

旗袍作为东方晚礼服的杰出代表,在世人眼里拥有着经久不衰的美丽。所以,酒店行业通常将其作为迎宾、引位或者中式宴会厅的职业服装。着这款服装,最重要的是要表现出东方女性温柔、含蓄的柔美风韵,以及身材的曲线美。所以穿旗袍时要求身体挺拔,胸微含,下颌微收。塌腰撅臀是着旗袍的大忌。旗袍必须搭配高跟或中跟皮鞋才走得出这款服装的韵味。行走时,走交叉步直线,步幅适中,步子要稳,双手自然摆动,髋部可随着身体重心的转移,稍有摆动,但上身决不可跟着晃动。总之,穿旗袍应尽力表现出一种柔和、妩媚、含蓄、典雅的东方女性美。

4. 穿高跟鞋的走姿要求

女士在正式场合经常穿着黑色高跟鞋,行走要保持身体平衡。具体做法:直膝立腰、收腹收臀、挺胸抬头。为避免膝关节前屈导致臀部向后撅的不雅姿态,行走时一定要把踝关节、膝关节、髋关节挺直,只有这样才能保持挺拔向上的形体。行走时步幅不宜过大,每一步要走实、走稳,这样步态才会有弹性并富有美感。

三、走姿的注意事项

1. 切忌身体摇摆

行走时切忌晃肩摇头,上体左右摆动,给人以庸俗、无知和轻薄的印象;脚尖不要向内或向外,晃着"鸭子"步;或者弯腰弓背、低头无神、步履蹒跚,给人以压抑、疲倦、老态龙钟的感觉。

2. 双手不可乱放

走路的时候,不可把手插在衣服口袋里,尤其不可插在裤袋里;也不要叉腰或倒背着手,因为这样不美观。走路时,两臂前后均匀随步伐摆动。

3. 目光注视前方

走路时眼睛注视前方,不要左顾右盼,不要回头张望,不要老是盯住行人乱打量,更不要一边走路、一边指指点点地对别人评头论足。这不仅有伤大雅,而且不礼貌。

4. 脚步干净利索

走路时脚步要干净利索,有鲜明的节奏感,不可拖泥带水,抬不起脚来;也不可重如打锤,砸得地动楼响。

5. 有急事莫奔跑

如果有急事,可以加快脚步,但切忌奔跑,特别是在楼里。

6. 同行不要排成行

几个人在一起走路时,不要勾肩搭背,不要拍拍打打。多人在一起走的话,不要排成行。

7. 走路要用腰力

走路时腰部松懈,会有吃重的感觉,不美观;拖着脚走路,更显得难看。走路的美感产生于下肢的频繁运动与上体稳定之间所形成的对比和谐,以及身体的平衡对称。要做到出步和落地时脚尖都正对前方,抬头挺胸,迈步向前。穿裙子时要走成一条直线,使裙子下摆与脚的动作显出优美的韵律感。

四、走姿练习

采用头顶书本走路的方法,对于走路时喜欢低头看地,头部歪向一方,肩膀习惯前后晃动的人,是一种很好的纠正。

走姿训练可分解进行:

第一,在原地练习正确的躯干姿态。全身应伸直,背和腰都不能弯曲,挺起胸部。注意膝盖不能弯曲,肩要平,不要一高一低,要立腰、收臀。

第二,可以对着镜子练习自然的前后摆臂,幅度不要过大,不要左右摆臂,肩部要放松,不要僵硬,但摆臂时肩部不要来回摆动。

第三,向前迈出一步,用心体会重心的转移。行走时,身体重心宜稍向前倾,全身重量移至前脚掌。同时,抬起一只脚,方法是脚后跟很快地抬起,向前移动,脚跟先着地,再至全掌,如此将重心推向前。走每步路都是从胸膛开始向前移,千万不要让整条腿独自伸向前方,这种姿势很难看。

第四,将动作连贯起来。如果考虑到不能走成一条直线,可以用地上的砖缝或特意放一条直线,用余光(只能是余光,不能低头)调整自己的行走轨迹。

第五,为了使走姿富于节奏,可以边放进行曲边练习。

五、男士走姿

男士在工作场合,走路时应:

① 挺起胸膛,显出朝气,大步向前走。
② 双脚落地平稳有力,不拖泥带水。
③ 双臂自然摆动,给人以充满自信感。
④ 两脚走出靠近的平行线。

男士正确的走姿应该是:走路时要将双腿并拢,身体挺直,双手自然放下,下巴微向内收,眼睛平视,双手自然垂于身体两侧,随脚步微微前后摆动。双脚尽量走在同一条直线上,脚尖应对正前方,切莫呈内八字或外八字,步伐大小以自己足部长度为准,速度不快不慢,尽量不要低头看地面。正确的走路姿态会给人一种充满自信的印象,同时也给人一种专业的信赖感觉,让人赞赏。

走路时,腰部应稍用力,收小腹,臀部收紧,背脊要挺直,抬头挺胸,切勿垂头丧气。气要平,脚步要从容和缓,要尽量避免短而急的步伐,鞋跟不要发出太大声响。

上下楼梯时,应将整只脚踏在楼梯上,如果阶梯窄小,则应侧身而行。上下楼梯时,身体要挺直,目视前方,不要低头看楼梯,以免与人相撞。

走路时遇到熟人,点头微笑招呼即可,若要停下步伐交谈,注意不要影响他人的行进。如果有熟人在你背后打招呼,千万不要紧急转身,以免紧随身后的人应变不及。

六、女士走姿

行走时,男女有一定区别。男士步履雄健有力,走平行线,展示刚健、英武的阳刚之美。女士步履轻捷、娴雅,步伐略小,走直线,展示出温柔、娇巧的阴柔之美。

每一个女人都想拥有流云般优雅的步姿,款款轻盈的步态是女性气质高雅、温柔端庄的一种风韵,而优美的步态,则更添女性贤淑、温柔之魅力,展现自身的风采。

1. 优美走姿的要领

①以腰带动脚,重心移动,以腰部为中心。
②颈要直,双目平视,下颌向内缩,面带微笑。
③上半身保持正直,腰部后收,两脚平行。
④膝盖伸直,脚跟自然抬起,两膝盖互相碰触。
⑤有节奏地走路,肩膀放松,手指并拢。

若你走路时能注意上述要点,你就能保持优美的姿态并时刻洋溢着青春的魅力。

2. 优美走姿的方式

女性的步姿因衣着和场合的不同,而有不同的方式。

(1)直线步姿。

行走时,应昂首挺胸,收腹直腰,两眼平视,肩平不摇,双臂自然前后摆动,脚尖微向外或向正前伸出,行走时脚跟成一条直线。

行走的姿势极为重要,行走迈步时,脚尖应向着正前方,脚跟先落地,脚掌紧跟落地。走路时要收腹挺胸,两臂自然摆动,节奏快慢适当,给人一种矫健轻快、从容不迫的动态美。

走路时的步态美与不美,是由步度和步位决定的。如果步位和步度不合标准,那么全身摆动的姿态就失去了协调的节奏,也就失去了自身的步韵。

步度,是指行走时两脚之间的距离。步度的一般标准是一脚踢出落地后,脚跟离另一只脚脚尖的距离恰好等于自己的脚长。

步位,是脚落地时应放置的位置。步韵也很重要,走路时,膝盖和脚腕都要富于弹性,肩膀应自然、轻松地摆动,使自己走在一定的韵律中,才会显得自然优美。

当你身穿旗袍或西装裙以此走姿行走时,则给人以轻盈、柔软、飘逸、玲珑之感,宛如舒曼的小夜曲。当你穿上6厘米左右的高跟鞋时,你会感觉胸部挺起,腹部内缩,整条腿向后倾斜,腰明显塌下去,臀位明显提高翘起,小腿也变得饱满起来,脚背成漂亮的方形,脚好像小了许多。这一切使女性的曲线特征明显起来,连走路的步子也变小了。

此步态要领是昂首,挺胸,收腹,上体正直,两眼前视,双臂自然摆,步姿轻盈,显示了女性温柔、文静、典雅的窈窕之美。

(2)舞台步姿。

舞台步姿犹如模特儿的走姿,给人以强化其肢体的美感。大幅度的两手摆动干净利落,具有鲜明节奏感的脚步,给人以充满朝气、体态轻盈之感。

总之,走姿千姿百态,没有固定模式,或矫健轻盈,或精神抖擞,或庄重优雅。只要与社交场合协调并表现自己个性的步伐,那就是美的。

3.优美走姿的禁忌

①最忌内八字和外八字。

②忌弯腰驼背、歪肩晃臀、头部前伸。

③忌摆臀,左顾右盼。

④忌脚蹭地面,上下颤动。

⑤忌边走路边指指点点对别人评头论足。

⑥走路时,切忌做左右式的摆动。

⑦不可跨大步。

以上这些禁忌动作既有失大雅,又不礼貌。如果想做一个有魅力的女性,就要留意自己的姿态。

  实训作业

说一说走姿的重要性。

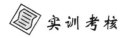 **实训考核**

组别:_____   姓名:_____   时间:_____   成绩:_____

	加分	扣分
听课认真程度		
观看视频认真程度		
模拟练习效果		
参与实训认真程度		
实训作业完成程度		

实训项目八　鞠躬

实训目的

掌握男士、女士正确的鞠躬方式。

实训课时

1课时

实训内容　鞠躬

实训步骤：

1. 阅读相关知识
2. 练习鞠躬
3. 学生分享练习感受
4. 教师点评（强调几种错误的鞠躬方式）

相关知识

一、鞠躬的起源

"鞠躬"起源于中国。商朝有一种祭天仪式"鞠祭"：祭品牛、羊等不切成块，而将整体弯卷成圆的鞠形，再摆到祭处奉祭，以此来表达祭祀者的恭敬与虔诚。这种习俗在一些地方一直保持到现在，人们在现实生活中，逐步沿用这种形式来表达自己对地位崇高者或长辈的崇敬。

二、鞠躬礼的含义

鞠躬，意思是弯身行礼，是表示对他人敬重的一种郑重礼节。

此种礼节一般是下级对上级或同级之间、学生向老师、晚辈向长辈、服务人员向宾客表达由衷的敬意。

三、鞠躬礼适用的场合

鞠躬礼既适合于庄严肃穆或喜庆欢乐的仪式，又适用于普通的社交和商务活动场合。常见的鞠躬礼有以下三种：

1. 三鞠躬

三鞠躬的基本动作规范如下：

①行礼之前应当先脱帽，摘下围巾，身体肃立，目视受礼者。

②男士的双手自然下垂，贴放于身体两侧裤线处；女士的双手下垂搭放在腹前。

③身体上部向前下弯约90°，然后恢复原样，如此三次。

2. 深鞠躬

其基本动作同于三鞠躬，区别就在于深鞠躬一般只要鞠躬一次即可，但要求弯腰幅度一定要达到90°，以示敬意。

3. 社交、商务鞠躬礼

①行礼时，立正站好，保持身体端正。

②面向受礼者，距离为两三步远。

③以腰部为轴，整个肩部向前倾15°以上（一般是60°，具体视行礼者对受礼者的尊敬程度而定），同时问候"您好""早上好""欢迎光临"等。

朋友初次见面、同志之间、宾主之间、下级对上级及晚辈对长辈等，都可以鞠躬行礼表达对对方的尊敬。

四、鞠躬礼的要领

行鞠躬礼时面对客人，并拢双脚，视线由对方脸上落至自己的脚前1.5米处（15°礼）或脚前1米处（30°礼）。男性双手放在身体两侧，女性双手合起放在身体前面。

鞠躬时必须伸直腰，脚跟靠拢，双脚尖处微微分开，目视对方，然后将伸直的腰背，由腰开始的上身向前弯曲。

鞠躬时，弯腰速度适中，之后抬头直腰，动作可慢慢做，这样令人感觉很舒服。

五、鞠躬时的注意事项

鞠躬时要注意，如果戴着帽子，应将帽子摘下，因为戴帽子鞠躬既不礼貌，帽子也容易滑落，使自己处于尴尬境地。

鞠躬时目光应向下看，表示一种谦恭的态度，不可以在弯腰的同时抬起眼睛望着对方。鞠躬后视线落在对方脚尖部位。鞠躬礼毕起身时，目光应有礼貌地注视对方，如果目光旁视，会让人感到行礼不是诚心诚意的。

鞠躬时脖颈要挺直。

在我国，接待外宾时也常用鞠躬礼。如果客人施用这种礼节，受礼方一般也应该用鞠躬礼回之，但长辈和上级欠身点头即算还礼。日本人见面一般不握手，而习惯于相互鞠躬。在接待日本客人时，要尊重其风格，行鞠躬礼。

六、几种错误的鞠躬方式

(1) 只弯头的鞠躬。
(2) 不看对方的鞠躬。
(3) 头部左右晃动的鞠躬。
(4) 双腿没有并齐的鞠躬。
(5) 驼背式的鞠躬。
(6) 可以看到后背的鞠躬。

 实训作业

拍摄小组练习鞠躬的视频,分享到班级学习群。

实训考核

组别:_____   姓名:_____   时间:_____   成绩:_____

	加分	扣分
听课认真程度		
观看视频认真程度		
模拟练习效果		
参与实训认真程度		
实训作业完成程度		

实训项目九　礼仪手势

 实训目的

掌握低位、中位、高位不同的指引礼。

 实训课时

1课时

实训内容　礼仪手势和指引礼

实训步骤：

1. 阅读相关知识
2. 教师边介绍服务工作常用礼仪手势边示范,学生边学边练
3. 教师边介绍指引礼边示范,学生边学边练
4. 学生展示
5. 教师点评(强调规范和禁忌)

 相关知识

一、礼仪手势的规范标准和注意事项

手是传情达意的最有力的工具。正确适当地运用手势,可以增强感情的表达。手势是酒店服务工作中必不可少的一种体态语言,服务业员工手势的运用应当规范适度,且符合礼仪。

1.手势的规范标准

五指伸直并拢,掌心向斜上方,腕关节伸直,手与前臂形成直线,以肘关节为轴,肘关节既不要成90°直角,也不要完全伸直,弯曲140°左右为宜,手掌与地面基本上形成45°。

2.礼仪手势注意事项

一般认为:掌心向上的手势有一种诚恳、尊重他人的含义;掌心向下的手势意味着不够坦率、缺乏诚意等;伸出手指来指点是要引起他人的注意,含有教训人的意味。因此,在引路、指示方向等时,应注意手指自然并拢,掌心向上,以肘关节为支点,指示目标,

切忌伸出食指来指点。

需要特别注意的是,在任何情况下,不要用拇指指着自己或用食指指点他人。用食指指点他人是不礼貌的行为,食指只能指东西物品。谈到自己时应用手掌轻按自己的左胸,这样会显得端庄、大方、可信。

二、服务工作中的常用礼仪手势

1. "请进"手势

引导客人时,接待人员要言行并举。首先轻声地对客人说"您请",然后可采用横摆式手势。五指伸直并拢,手掌自然伸直,手心向上,肘做弯曲,腕低于肘。以肘关节为轴,手从腹前抬起向右摆动至身体右前方,不要将手臂摆至体侧或身后。同时,脚站成右丁字步,头部和上身微向伸出手的一侧倾斜,另一手下垂或背在背后,目视宾客,面带微笑。

2. 前摆式手势

如果右手拿着东西或扶着门,要向宾客做向右"请"的手势时,可以用前摆式手势。五指并拢,手掌伸直,由身体一侧由下向上抬起,以肩关节为轴,手臂稍曲,到腰的高度再由身前向右方摆去,摆到距身体5厘米并不超过躯干的位置时停止。目视来宾,面带微笑,也可双手前摆。

3. "请往前走"手势

为客人指引方向时,可采用直臂式手势。五指伸直并拢,手心斜向上,曲肘由腹前抬起,向应到的方向摆去,摆到肩的高度时停止,肘关节基本伸直。应注意在指引方向时,身体要侧向来宾,眼睛要兼顾所指方向和来宾。

4. "请坐"手势

接待来宾并请其入座时采用斜摆式手势,即要用双手扶椅背将椅子拉出,然后左手或右手屈臂由前抬起,以肘关节为轴,前臂由上向下摆动,使手臂向下成一斜线,表示请来宾入座。

5. "诸位请"手势

当来宾较多时,表示"请"可以动作大一些,采用双臂横摆式。两臂从身体两侧向前上方抬起,两肘微曲,向两侧摆出。指向前方一侧的臂应抬高一些,伸直一些,另一手稍低一些,曲一些。

6. "介绍"手势

为他人做介绍时,手势动作应文雅。无论介绍哪一方,都应手心朝上,手背朝下,四指并拢,拇指张开,手掌基本上抬至肩的高度,并指向被介绍的一方,面带微笑。在正式场合,不可以用手指指点点或去拍打被介绍一方的肩和背。

7. 鼓掌

鼓掌时,用右手掌轻击左手掌,表示喝彩或欢迎。

8. 举手致意

面向对方,手臂上伸,掌心向外,切勿乱摆。

9. 挥手道别

身体站直,目视对方,手臂前伸,掌心向外,左右挥动。

10. 递接物品

双手为宜(至少用右手),递于手中,主动上前(主动走近接物者,坐着时应站立),方便接拿,尖刃内向。

三、指引礼

在公共场合,通常在指引方向、位置和人物时,都会使用指引礼,如为他人指路、引导他人进场入座、为他人做介绍等。指引礼的基本要求是:基本站姿站立,微笑,双眼自然正面对视受引者;右手掌拇指找四指自然并拢伸开,手掌斜45°,手臂稍曲成160°前伸或侧伸指引方向;双目随右手移至所指方向后再正视受引者,然后,伴之礼貌用语(如:请)和15°鞠躬礼。由于指引的位置和方向有高有低,所以规范的指引礼又分中位指引礼、低位指引礼和高位指引礼。

①中位指引礼。伸出的右手手指尖并肩高,其他同基本要求。中位指引礼一般用于指引的位置和方向是与当事者所处空间位置高度相差不大的情况,可用于引导他人进场入座,也可用于为他人做介绍的场合。

②高位指引礼。伸出的右手手指尖并头顶高,其他同基本要求。高位指引礼一般用于指引的位置和方向比当事者所处空间位置高的情况,如在二楼指引上三楼、指示高处的物品等。

③低位指引礼。右手掌拇指找四指自然并拢伸开,手掌斜45°,手臂前伸或侧伸与身体成夹角,手掌稍低于髋下指目标,其他同基本要求。低位指引礼一般用于指引的位置和方向比当事者所处空间位置要低的情况,如在二楼指引下一楼、请他人落座、指示低处的物品等。

在公众场合,尤其是社交场合,引导他人进场入座,一般用右手引导,用左手引导是不礼貌的。不管在什么场合,一般指示人和物时,五指不要部分抱曲、部分伸出指示,五指要成拇指找四指自然并拢伸开指示。同时,较近距离指示他人时,指示的位置以对方的颈部之下、胸部之上为好。

 实训作业

每天练习并使用礼仪手势,将情况发到班级学习群(如:在什么时间,使用了什么手势;在什么地方,练习了什么手势)。

实训考核

组别：_____　　姓名：_____　　时间：_____　　成绩：_____

	加分	扣分
听课认真程度		
观看视频认真程度		
模拟练习效果		
参与实训认真程度		
实训作业完成程度		

实训项目十　表情

实训目的

掌握目光注视礼仪知识,学会微笑和控制自己的面部表情。

实训课时

6课时

实训内容一　目光注视

> 实训步骤:
> 1. 阅读相关知识
> 2. 练习目光注视:照镜子练习
> 3. 学生展示
> 4. 教师点评

相关知识

眼睛是人类面部的感觉器官之一,最能有效地传递信息和表情达意。服务人员在社交活动中,眼神运用要符合一定的礼仪规范,不了解它,往往被人视为无理,给人留下坏的印象。

一、人际交往中的注视范围

与人交谈时,目光应该注视着对方。但应使目光局限于上至对方额头,下至对方衬衣的第二粒纽扣以上,左右以两肩为准的方框中。在这个方框中,一般有三种注视方式:

一是公务注视,一般用于洽谈、磋商等场合,注视的位置在对方的双眼与额头之间的三角区域。

二是社交注视,一般在社交场合,如舞会、酒会上使用。位置在对方的双眼与嘴唇之间的三角区域。

三是亲密注视,一般在亲人、恋人等亲近人员之间使用,注视的位置在对方的双眼和胸部之间。

二、注视角度

在工作中,既要方便服务工作,又不至于引起服务对象的误解,就需要有正确的注视角度。

1. 正视对方

在注视他人的时候,与之正面相向,同时还须将身体前部朝向对方。正视对方是交往中的一种基本礼貌,表示重视对方。

2. 平视对方

在注视他人的时候,目光与对方相比处于相似的高度。在服务工作中平视服务对象可以表现出双方地位平等和不卑不亢的精神面貌。

3. 仰视对方

在注视他人的时候,本人所处的位置比对方低,就需要抬头向上仰望对方。在仰视对方的状况下,往往可以给对方留下信任、重视的感觉。

4. 兼顾多方

在工作岗位上,服务人员为互不相识的多位客人服务时,需要按照先来后到的顺序对每个客人多加注视,又要同时以略带歉意、安慰的眼神环视等候在身旁的客人。巧妙地运用这种兼顾多方的眼神,可以对每一位服务对象给予兼顾,表现出善解人意的优秀服务水准。

三、注视时间的长短

注视时间应当是总交谈时间的三分之一。

四、目光注视礼仪

①注视对方的时间不得少于谈话时间的三分之一。
②异性之间注视的时间不得超过六秒。
③注意目光注视的三角区域。

实训内容二 学会微笑

实训步骤:
1. 阅读相关知识
2. 练习微笑
3. 学生展示
4. 教师点评

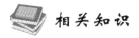 相关知识

一、微笑的价值

微笑是社交场合最富有吸引力,最有价值的面部表情。它表现着人际关系友善、诚信、谦恭、和蔼、融洽等最为美好的感情因素,所以它已成为各国宾客都理解的心理性"语言"。

"你今天对顾客微笑了没有?"美国著名的希尔顿旅馆的董事长康拉德·希尔顿经常这样问下属。"无论旅馆本身遭遇的困难如何,希尔顿旅馆服务员脸上的微笑,永远是属于顾客的阳光。"

[案例]

号称美国"旅馆之王"的康拉德·希尔顿,是世界上非常有名气的酒店业者,是国际酒店的第一个管理者,也是最长久的一个。从1919年到1976年,57年时间美国希尔顿旅馆从一家店扩展到70家,遍布世界五大洲的各大城市。希尔顿旅馆生意如此之好,财富增加得如此之快,其成功的秘诀之一,就在于服务人员微笑的魅力。

希尔顿于1919年把父亲留给他的1.2万美元连同自己挣来的几千美元投资出去,开始了他雄心勃勃的经营旅馆生涯。当他的资产从1.5万美元奇迹般地增值到5100万美元的时候,他欣喜自豪地把这一成就告诉母亲,想不到,母亲却淡然地说:"依我看,你跟以前根本没有什么两样……事实上你必须把握比5100万美元更值钱的东西:除了对顾客诚实之外,还要想办法使来希尔顿旅馆的人住过了还想再来住,你要想出这样简单、容易、不花本钱而行之久远的办法去吸引顾客。这样你的旅馆才有前途。"

母亲的忠告使希尔顿陷入迷惘:究竟什么办法才具备母亲指出的"简单、容易、不花本钱而行之久远"这四大条件呢?他冥思苦想,不得其解。于是他逛商店、串旅店,以自己作为一个顾客的亲身感受,得出了准确的答案:微笑服务。只有它才实实在在地同时具备母亲提出的四大条件。

从此,希尔顿实行了微笑服务这一独创的经营策略。每天他对服务员的第一句话是:"你对顾客微笑了没有?"他要求每个员工不论如何辛苦,都要对顾客投以微笑。

1930年,西方经济危机全面爆发,这也是美国经济萧条严重的一年。在这一年,全美旅馆倒闭了80%。希尔顿的旅馆也一家接一家地亏损不堪,曾一度负债50亿美元。困难时期,希尔顿旅馆的老板希尔顿并不灰心,而是充满信心地对旅馆员工说:"目前正值旅馆亏空靠借债度日时期,我决定强渡难关,我请各位记住,千万不可把愁云挂到脸上,无论旅馆本身遭遇的困难如何,希尔顿旅馆服务员的微笑,永远是属于顾客的阳光。"因此,经济危机中幸存的20%旅馆中,只有希尔顿旅馆服务员的脸上带着微笑。当经济萧条刚过,希尔顿旅馆就率先进入新的繁荣时期,跨入黄金时代。

自称"微笑之邦"的泰国,一切服务工作都是在微笑中进行的。正是由于拥有微笑这一服务制胜的法宝,泰国的"东方大饭店"才多次在世界十佳酒店评比中名列榜首,成为

酒店服务行业的一面旗帜。

总之,"微笑"是不见金钱的资本,是生意兴隆的法宝,是搞好优质服务的基本保证。

二、微笑服务的"九个一样"

微笑服务要始终如一,人人重视,要在接待服务的全过程各个环节坚持,落实到每个酒店服务员身上。微笑服务应做到"九个一样":

①领导在场不在场一个样。

②内宾外宾一个样。

③本地客与外地客一个样。

④生客熟客一个样。

⑤大人小孩一个样。

⑥生意大小一个样。

⑦买与不买一个样。

⑧购物与退货一个样。

⑨主观心境好坏一个样。

"九个一样"体现了对客人要一视同仁。服务工作一定要遵循"优先为先到的客人服务"(first come, first served)的原则。厚此薄彼最容易引起客人的反感,而且违反酒店员工应有的职业道德。

三、如何正确运用微笑

1. 掌握好微笑的要领

微笑的基本做法是不发声、不露齿,肌肉放松,嘴角两端向上略微提起,面含笑意,使人如沐春风。

2. 注意整体的配合

微笑应当与仪表和举止相结合。

站立服务,双脚并拢,双手相握于前身或交叉于背后,右手放在左手上,面带微笑,亲切、自然、神气。

3. 力求表里如一

训练微笑,首先要求微笑发自内心,发自肺腑,无任何做作之态,防止虚伪的笑。只有笑得真诚,才显得亲切自然,与你交往的人才能感到轻松愉快。

4. 适当借助技术上的辅助

微笑可进行技术性训练。

第一步:"念一"。

因为人们微笑时,口角两端向上翘起。所以,练习时,为使双颊肌肉向上抬,口里可念着普通话的"一"字音,用力抬高口角两端,但要注意下唇不要用力太大。

第二步：口眼结合。

眼睛会"说话"，也会用眼睛笑，如果内心充满温和、善良和厚爱时，那眼睛的笑容一定非常感人，否则强作的眼睛笑容是不美的。要学会用眼睛的笑容与顾客交流。

眼睛的笑容，一是"眼形笑"，二是"眼神笑"，这也是可以练习的：取一张厚纸遮住眼睛下边部位，对着镜子，心里想着最使你高兴的情景，鼓动起双颊，嘴角两端做出微笑的口型。这时，你的眼睛便会露出自然的微笑，然后再放松面肌，嘴唇也恢复原样，可目光仍旧含笑脉脉，这是眼神在笑。学会用眼神与客人交流，这样的微笑才会更传神亲切。

第三步：笑与语言结合。

微笑地说"早上好""您好""欢迎光临"等礼貌用语。

日本的航空公司的空中小姐，只微笑这一项，就要训练半年。可见，冰冻三尺非一日之寒。每个员工都可以清晨起床后对着镜子冲自己来一个动人的微笑，念一声"一"，这不仅可作为一天的良好开端，也可以琢磨怎样的微笑才使客人看了舒服。另外，时时保持健康愉悦的心情，遇到烦恼毋发愁，以乐观的态度正确对待，这样才会笑得甜美，笑得真诚。同时，把自己比作一名出色的演员，当你穿上制服走进岗位时，要清醒地意识到自己已进入角色，进入工作状态，生活中的一切喜怒哀乐全抛开了。

总之，微笑服务是对由语言、动作、姿态、体态等方面构成的服务态度的更高要求，它既是对客人的尊重，也是对自身价值的肯定。它并不是一种形式，而关键是要建立起员工与顾客之间的情感联系，营造出宾至如归、温暖如春的氛围，从而让客人开心，让客人再来，让单位的竞争实力更上一层楼。

5. 微笑练习的另一种方法

(1) 第一阶段：放松肌肉。

放松嘴唇周围肌肉是微笑练习的第一阶段。又名"哆来咪练习"的嘴唇肌肉放松运动是从低音哆开始，到高音哆，大声并清楚地把每个音说3次。不是连着说，而是一个音节一个音节地发音。为了正确地发音应注意嘴型。

(2) 第二阶段：给嘴唇肌肉增加弹性。

形成笑容时最重要的部位是嘴角。锻炼嘴唇周围的肌肉，能使嘴角的移动变得更干练好看，也可以有效地预防皱纹。嘴边儿变得干练有生机，整体表情就给人有弹性的感觉，所以不知不觉中显得更年轻。伸直背部，坐在镜子前面，反复练习最大的收缩或伸张。

张大嘴：张大嘴使嘴周围的肌肉最大限度地伸张。张大嘴能感觉到颚骨受刺激的程度，并保持这种状态10秒。

使嘴角紧张：闭上张开的嘴，拉紧两侧的嘴角，使嘴唇在水平上紧张起来，并保持10秒。

聚拢嘴唇：在嘴角紧张的状态下，慢慢地聚拢嘴唇。出现圆圆的卷起来的嘴唇聚拢在一起的感觉时，保持10秒。保持微笑30秒。反复进行这一动作3次左右。

(3) 第三阶段：形成微笑。

这是在放松的状态下，根据大小练习笑容的过程，练习的关键是使嘴角上升程度一致。

如果嘴角歪斜,表情就不会太好看。练习各种笑容的过程中,就会发现最适合自己的微笑。

小微笑:把嘴角两端一齐往上提,给上嘴唇拉上去的紧张感,稍微露出两颗门牙。保持 10 秒之后,恢复原来的状态并放松。

普通微笑:慢慢使肌肉紧张起来,把嘴角两端一齐往上提,给上嘴唇拉上去的紧张感,露出上门牙 6 颗左右,眼睛也笑一点。保持 10 秒后,恢复原来的状态并放松。

大微笑:一边拉紧肌肉,使之强烈地紧张起来,一边把嘴角两端一齐往上提,露出 10 个左右的上门牙,也稍微露出下门牙。保持 10 秒后,恢复原来的状态并放松。

(4)第四阶段:保持微笑。

一旦寻找到满意的微笑,就要进行至少维持那个表情 30 秒钟的训练。重点进行这一阶段的练习,就可以获得很大的效果。

(5)第五阶段:修正微笑。

虽然认真地进行了训练,但如果笑容还是不那么完美,就要寻找其他部分是否有问题。但如果能自信地敞开地笑,就可以把缺点转化为优点,不会成为大问题。

缺点 1:嘴角上升时会歪。两侧的嘴角不能一齐上升的人很多。这时利用木制筷子进行训练很有效。刚开始会比较难,但若反复练习,就会不知不觉中两边一齐上升,形成干练而老练的微笑。

缺点 2:笑时露出牙龈。笑的时候露很多牙龈的人,往往笑的时候没有自信,不是遮嘴,就是腼腆地笑。自然的笑容可以弥补露出牙龈的缺点,但由于本人太在意,所以很难笑出自然亮丽的笑。露出牙龈时,通过嘴唇肌肉的训练弥补弱点。

实训作业

将前面项目所学的仪态,编排成礼仪操,以小组为单位进行展示。时间在 3 分钟以内,配上背景音乐。

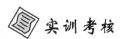 实训考核

组别:_____ 姓名:_____ 时间:_____ 成绩:_____

	加分	扣分
听课认真程度		
观看视频认真程度		
模拟练习效果		
参与实训认真程度		
实训作业完成程度		

实训项目十一 迎宾员服务礼仪

 实训目的

了解迎宾岗位员工服务要求,掌握迎宾员服务礼仪。

 实训课时

2课时

实训内容 迎宾员服务礼仪

实训步骤:
1. 阅读相关知识
2. 按照迎宾员服务礼仪进行实训
3. 小组成员角色互换,再次实训练习
4. 学生分享迎宾感受,教师点评(强调迎宾员服务中的注意事项)

 相关知识

一、前厅迎宾岗位员工服务技能要求

前厅迎宾员是站在酒店入口专门负责迎送客人的前厅员工,通常由男性担任。其工作程序是:

1. 迎接客人

当客人抵达时向其点头致意并说"欢迎光临",表示欢迎。如客人是乘车前来,则应替客人打开车门,并将右手放于车门上方,提醒客人不要碰头。开关车门时要格外小心,以免夹到客人。协助行李员卸下行李,并查看有无遗漏,而后关门退后,向司机道谢,示意司机开车。

2. 指挥门前交通

迎宾员须掌握酒店门前交通情况,牢记停车场地址,以便快速准确地指示车辆停靠点。

3. 做好门前保卫工作

迎宾员可利用其特殊的工作岗位,注意门前来往行人,及时发现可疑人员,协助做

好酒店的安全工作。对于举止异常的人,应随机应变,机智处理,阻止其入内。

4. 回答客人的问题

迎宾员处在一个较为特殊的工作地点,客人经常会顺便向他们询问有关情况,如酒店的设施、一些娱乐活动的举办地点、市内风景名胜的地点等,迎宾员应热情相待,努力给客人一个满意的答复。

5. 欢送客人离店

当客人离店时,迎宾员应主动上前与客人打招呼,并协助行李员装好行李,帮客人把行李搬上车,让客人核实行李数。当客人上车后,感谢客人对酒店的光临,预祝客人旅途愉快,然后为客人关上车门,向客人微笑告别,目送客人的车离去。

迎宾员平时应着装华丽、整洁,仪容端庄,站姿优美、规范。

二、餐厅迎宾员服务礼仪规范

迎宾员要提前5分钟在餐厅大门两旁恭候来宾,精神饱满,精力集中,注视过往宾客。当客人走近餐厅约1.5米处,应热情问候:"小姐(先生),您好,欢迎光临!""小姐(先生),晚上好,请!"

客人离开餐厅时,礼貌道别:"小姐(先生),谢谢您的光临,请慢走。再见!"语调柔和、亲切,并致以鞠躬礼。

三、餐厅迎宾员服务中的注意事项

1. 满席时的接待

有时客人好不容易来到店里,可是店里已经坐满了。这时,切忌因为很忙而怠慢了客人,注意态度应真诚、语言应得体,招呼客人:"抱歉,现在已经满座了,请稍等一下。"在客人等待的时候,应询问客人的姓名和人数,预先告知客人要等多长时间,消除客人焦急心情。在等待的时间里,可拿些报刊供客人翻阅,征得客人的同意,可先让客人点好菜。有空位时,尽快将客人引到座位上就座,然后向客人表示歉意:"让您久等了。"并可视情况做出相关补偿。

2. 同席时的接待

一定要征得先来和后来客人双方同意后,才能安排他们坐在一起。当人数少的客人在使用座位多的桌子时,应向后来的客人征询是否可以同席,如果客人不愿意的话,也不要勉强客人。同席时,尽量不要在女性客人中加入一个男性客人,或在男性客人中加入一个女性客人,并注意不要开错了客人各自的账单。

程序:

(1)征得先来客人的同意;

(2)征得后来客人的同意;

(3)征得双方同意后,引领后者就座,并说"请这边来";
(4)和先来的客人打招呼"打扰您了",同时让后来的客人坐下。

实训作业

做一次社会服务工作,岗位是迎宾员,写出服务过程,发到班级学习群分享。

实训考核

组别:_____   姓名:_____   时间:_____   成绩:_____

	加分	扣分
听课认真程度		
观看视频认真程度		
模拟练习效果		
参与实训认真程度		
实训作业完成程度		

实训项目十二　行李员服务礼仪

 实训目的

了解行李员岗位职责,熟悉行李员工作流程,掌握行李员服务礼仪。

 实训课时

2课时

实训内容　行李员服务礼仪

实训步骤：
1. 阅读相关知识
2. 按照行李员的工作流程进行实训,分小组进行,分别模拟"散客行李工作流程""团队行李服务流程""行李寄存和提取"
3. 小组成员进行角色互换,再次实训练习
4. 学生分享实训感受,教师点评

 相关知识

一、行李员岗位职责

行李员的主要工作是为客人提运行李,保障客人行李安全等。其具体职责如下：
①上岗前必须自我检查服装、工号牌、鞋袜是否符合酒店的要求。
②查看交接班记录,了解上一班次移交事项。
③记住常住客人、商务客人的姓名,对于重点客人应尽量用姓名称呼客人。
④了解酒店各项服务设施以及营业时间。
⑤遇到雨雪天气,应为宾客存放雨具。
⑥为进出酒店的零星客人提供行李服务。
⑦负责收集、装卸团队行李,并请领队和司机确认交接。
⑧在大堂各点值岗时必须思想集中,站立姿势端正,工作主动。
⑨礼貌引领客人进客房,并根据实际情况,正确熟练地用中英文向客人介绍酒店的各项服务设施。

⑩负责留言、信件、快件的投递,并请收件人签名,回大堂后,填写相应表格。
⑪提供呼唤找人服务。
⑫熟悉应急处理程序,一旦有紧急情况,能单独处理。
⑬员工之间团结互助,密切配合,完成上级交办的其他任务。

二、行李员工作流程

酒店的行李服务通常是由前厅部的行李员提供。其工作岗位一般位于大堂的礼宾部。

1. 散客行李工作流程

(1)入店。

①客人抵店后,行李员主动上前向客人表示欢迎。
②与客人一起清点行李数目,检查是否有损坏。
③将客人引至总台,帮助客人搬运所带的行李。搬运时必须十分小心,不可损坏行李。贵重物品要让客人自己拿。
④客人办理住宿登记时,行李员要站在一旁等候。
⑤带领客人到客房。客人办完手续后,行李员从接待员手中领取房间钥匙,带客人到客房。在乘电梯时,要请客人先进去,再按楼层键。
⑥进入房间之前,为防万一,要先敲门,确定无人再进入。将行李放好,若是白天,再为客人打开窗帘,将钥匙交给客人,为客人适当地介绍房内设施。
⑦询问客人是否还需要其他服务,若没有,则向客人道别,迅速离开,将房门轻轻拉上。
⑧填写"散客行李搬运记录"。

(2)离店。

①站立在前厅大门附近,随时注意是否有人离店,若有则立即上前提供服务。
②若是接到客人电话要求搬运行李的服务,则应问清房间号,立即赶到客人的房间。
③按门铃或敲门进房,帮客人将行李搬到大厅,若客人还未结账,应告诉客人结账地点,等待客人。
④清点行李,装车,送客人离店,向其道别,祝其一路顺风,行程愉快。
⑤填写客人"离店行李搬运记录"。

2. 团队行李服务流程

(1)入店。

①行李到店时,由领班与送行李者一起清点行李件数,检查是否有破损情况,而后填写"行李进出店登记表",若有破损,应加以注明,最后请团队负责人签字证实。
②将行李运进行李房,摆放整齐,挂上行李牌,最好把行李罩住,在拿到分房表后,查

出客人的房间号码,写在行李牌上。

③分好房后,尽快将客人的行李送到房间,若发现有错误应立即报告当班的领班和主管,协同查清。

④对运送行李的情况应做详细记录,进行核对,并存档。

⑤在送行李的过程中应认真、负责,力求不出差错,保证行李完整无缺,并做到对客人礼貌有加。

(2)离店。

①接到团队行李离店的通知后,将其号码的行李离店的时间准确地记录在交接班的本子上,找出该团入店时填写的行李表进行核对,重新建立一个表格。

②按照团队的号码、名称及房间号,到相应的楼层收取行李,并与客人一起核对。

③将行李集中,运到行李部,检查后,在"行李进出店登记单"上签字,将行李罩好,并贴上表。

④运送行李的车到达之后,协助将行李装车,并由团队负责人清点行李件数,在"行李进出店登记单"上签字,注明车号。

⑤由领班将填写齐全的"行李进出店登记单"存档。

3. 行李寄存和提取

(1)行李寄存工作要求。

①确认身份。客人要求寄存行李时,要先问清客人的身份,须是本店客人,才予以寄存。

②请客人填写"寄存卡"并签名。将"寄存卡"上联交给客人,下联系在行李上。

③检查行李。看行李是否上锁,并提醒客人不能将贵重物品及易燃易爆的危险物品寄存。

④将行李有序地摆放。

(2)行李领取工作要求。

客人领取行李时,行李员要当面将行李件数点清,再交给客人,同时把"寄存卡"的上、下联订在一起存档。

(3)注意事项。

行李员在为客人办理寄存和提取业务时,均应严格按照规定进行,以免引起纠纷。

如果客人丢失了寄存卡,则一定要凭借足以能证明客人身份的证件来放行李。

若非本人领取,也一定要请来人出示足以证明其身份的证件。

三、行李员服务礼仪

行李员的主要职责是负责客人的行李接送工作,在工作中应做到:

①着装整洁,仪容端庄,礼貌值岗,精神饱满,思想集中。

②客人抵达时,热情相迎,微笑问候。主动帮助客人提携行李,并问清行李件数。

③陪同客人到总服务台办理入住手续时,应站在客人身侧后二三步处等候,看管好客人行李并随时接受宾客的吩咐。

④待客人办完手续后,应主动上前向客人或总台服务员取房间钥匙,提上行李引送客人到房间。

⑤引领客人至电梯,先按住电梯门,请客人进电梯,进电梯后应靠近电梯按钮站立。

⑥进入房间前,先按房间门铃,再敲门,房间内无反应再用钥匙开门。开门后,先开总开关,立即退出将钥匙交回客人,请客人进入房间。随客人进入房间后,将行李放在行李架上或按客人吩咐将行李放好。

⑦为客人介绍房内设施,介绍完毕后,迅速离开,将房门轻轻关上。

⑧客人离开饭店时,帮助客人送行李。

实训作业

参加一次行李服务的社会实践,记录服务过程,分享到班级学习群。

实训考核

组别:_____   姓名:_____   时间:_____   成绩:_____

	加分	扣分
听课认真程度		
观看视频认真程度		
模拟练习效果		
参与实训认真程度		
实训作业完成程度		

实训项目十三　总台接待员服务礼仪

实训目的

熟悉总台服务的预订礼仪、入住登记礼仪、管理客人账户礼仪、退房礼仪、结账礼仪,掌握总服务台询问礼仪,了解总服务台推销礼仪。

实训课时

2课时

实训内容一　总服务台工作礼仪

实训步骤:
1. 阅读相关知识
2. 分小组进行预订礼仪、入住登记礼仪、管理客人账户礼仪、退房礼仪、结账礼仪实训
3. 小组成员进行角色互换,再次实训学习
4. 学生分享实训感受,教师点评

相关知识

一、预订礼仪

1. 明确客人的性质

客人与酒店的第一次直接接触是在总台接待处。来酒店住宿的客人可分为预订团体、预订散客及零星散客。明确客人的性质,有利于酒店进行预先登记工作。

对于预订客人,酒店可以事先为客人分房、定价、准备好登记表。但对于非预订的零星散客,则无法做到这一点,因为酒店不能事先得知客人的需求、到达时间和个人资料。所以,入住登记过程起着收集资料的作用,资料不全就无法分房及定价。

2. 文明礼貌的态度

服务人员要礼貌、热情、周到。

3. 预订员报价事宜

第一,要说明合理税率;第二,解释一些额外服务或宜人环境应增补的费用;第三,要

核实验证酒店是否有最低限度的下榻时间规定,如果是这样是否会影响客人的时间要求;第四,要核实验证酒店是否有任何特殊的销售广告活动以至影响客人的下榻时间;第五,要解释合理的外汇兑换汇率比价。

4. 接受或拒绝预订

预订登记表填好以后,预订员就可将预订要求与预订到达当天的可供房情况进行对照,决定是否接受客人的预订。如果接受预订,预订员随后就要确认预订。如果拒绝预订,要用友好、遗憾和理解的态度对待客人。首先称呼客人的姓,然后讲述由于房间订满而无法安排,争取客人的理解。客人表示理解后,下一步预订中就会根据不同的情况建议客人做些更改,如房间的种类、日期、房数等,即使不能满足客人当初的预订要求,最终也要使客人满意。

5. 确认预订

预订员接受预订后须加以确认。通过确认,一方面酒店可进一步明确客人的预订要求,另一方面也意味着酒店与客人之间达成协议。

6. 修改预订

预订被接受或确认后,客人在抵达酒店前还可能对预订内容做许多更改,如到达或离开酒店时间、房间数、人数、住房人姓名及预订种类的变更,以至于完全取消预订的情况都有可能发生。每当需要更改时,就要填写更改表,并将有关预订登记做相应的改动,使之保持正确。

7. 取消预订

处理取消预订必须十分谨慎,因为如果把账错算在已经取消预订的客人身上,酒店就会处于被动的地位,同时也会使客人感到不满。

8. 预订容易出现的错误

(1) 记录错误。如不正确的到达或离店日期,或将客人的姓名拼错或者是姓名颠倒,这是很失礼的,遇到这种情况应立即道歉。

(2) 一次性记录。从客人预订单上获取一些信息记录后,预订员应该向客人复述一遍。

9. 接听电话订房

接听电话时,正确的声调应该是很友好、亲切和动听的。预订部接到的多数电话都是先问及有关酒店的服务项目、房价等,订房员工要耐心回答,抓住机会向客人推销。报房价时,要先报豪华的现行房价,然后再报低一点的普通房价。当客人表示愿意接受时,就可以进一步询问客人的要求,填写订单。

二、入住登记礼仪

1. 登记入住

客人一抵店就迅速为其办理住房登记手续,保证总服务台经营高效率,使客人满意。登记表设计必须简单、科学、合理化。

2. 缩短时间

总服务台要与客房部多联系、多协调，保证快速敏捷地为客人分配房间，避免造成部门之间沟通不完善，导致客人登记所花的时间太长。一般来说，总服务台员工要迅速为客人办理下榻登记，分配房间，所用时间限制在2分钟以内。

3. 精通业务

员工应该知道如何操作电话总机室的设备及电脑。除了本职工作以外，也必须对一些突发情况，即客人的特殊要求做出反应，提供协助和服务。另外，也必须将一些可疑人物及不正常的事件及时向主管汇报。

4. 要有强烈的责任心

员工每次上班后，核实分房、客人抵达情况和结账情况，看看是否一切无误，完全正常。

5. 信息沟通

在入住登记控制信息沟通中，客房部的人员必须及时地将可出租的房间通知总台，总台员工可将客房租给客人。酒店客房如不及时租出，其损失是无法弥补的。

6. 查对客房条件

总服务台员工必须确定并查对客人所下榻的客房条件是否符合客人所需。例如房间的类别、等级、价格等。

7. 方便客人

给客人客房钥匙时，通常是连同酒店地图一同交给客人。

8. 让客人满意

酒店员工只要按照所规定的服务程序及服务规范去做，那么毫无疑问，客人会感到满意，从客人开始步入酒店直至到客房下榻，都会有一种舒适、方便、愉快的感觉。

9. 更新信息

总服务台员工要迅速更新有关客人迁出和换房的信息以保证客房和客人住房情况的记录最新。查验客房房态与实际客房之间有关客人住宿情况的准确性，以便纠正住店客人账单上的差错，保证出租所有可供出租的客房。

三、管理客人账户礼仪

(1) 要保证酒店员工准确无误地将费用及时记入有关的客人账目上，保证在店客人账目准确无误。

(2) 不泄密。总服务台员工对有关客人的账目数据、账务有责任不泄露给任何人。例如，假若下榻酒店的某位先生使用了失效的信用卡，那就没有必要到处广播，没有必要把此事让无关人员知道,必要时只允许向酒店总经理或有关管理人员汇报。

四、退房礼仪

1. 温婉有礼

遇到客人退房,总服务台员工要温婉有礼,不能态度粗鲁或不高兴;要耐心向客人讲清酒店的有关退房规定,按规定给客人办理退房手续。客人退房时,应给他呈上准确无误的结账单,请他付清全部费用。

2. 留下好印象

多数客人办理退房和结账手续一般在上午7:30—9:30,如果员工准备工作就绪,工作安排得有条不紊,就能使退房过程顺利有效地进行,并给客人留下良好的印象。

五、结账礼仪

1. 了解结账方式

总服务台员工在客人登记入住时必须正确了解客人选择的结账方式。这一点很重要。如果客人选择现金结账,那么酒店通常要求客人在入住时一次付齐,酒店一般不给付现金的客人赊账权。客人要求转账结算,要确认事先已经批准的转账地址以及转账安排。

2. 精心、小心、耐心

总服务台员工一定要牢记:在与客人谈到他的支票时,涉及的是金钱问题,一定要精心、小心、耐心。

3. 态度温柔

要时时保持冷静、自信,同时态度要温柔、和蔼可亲。不论客人表现如何,即使态度令人难以忍受,作为酒店员工都要和蔼、亲切地服务于客人。

4. 严谨、准确、快捷

凡涉及客人费用账目的建立,有关现金、支票、信用卡、直接转账以及团队付款凭证等复杂事宜都要认真检查核实。结账尽可能要迅速快捷,尽可能方便客人,简化手续,同时又要保障酒店的利润收入。

5. 出现错误要弄清楚

假若在客人的房价、账单或是其他方面出现差错,要在客人离店以前审核清楚,并让客人满意付款离开酒店。如果在账单方面出现极大分歧,领班或主管就要进行调查核实。

实训内容二　总服务台问询礼仪

实训步骤：
1. 阅读相关知识
2. 分小组进行总服务台问询礼仪实训
3. 学生分享实训感受
4. 教师点评

 相关知识

1. 尽量满足客人需求

由于问询处在酒店的中心位置及其对客人服务的重要作用，问询处必须是酒店主要的信息源。问询处作为客房销售的主角，还必须为客人提供关于酒店的设施及服务项目的准确信息。有关酒店所在地的各种资料和重要活动，也都是客人询问的内容。毋庸置疑，问询处能提供的信息越多，便越能够满足客人的需求。

2. 注意形象，推销酒店

问询处的员工必须对酒店的形象负责，必须努力推销酒店的设施和服务。为了提高工作效率，问询处员工应熟练掌握店内各设施的位置、服务项目和营业时间，对于住店客人的资料，则可以通过住店客人名单和问询来加以掌握。

3. 掌握住客资料

问询处需要掌握住客的资料，住店客人的名单可以按姓名的字母拼音顺序排列。

4. 熟练使用先进问询设备

大酒店通常使用问询架及电脑，以提高问询处的工作效率，并随时准备提供客人的确切情况。

实训内容三　总服务台推销礼仪

实训步骤：
1. 阅读相关知识
2. 分小组进行总服务台推销礼仪实训
3. 学生分享实训感受
4. 教师点评

相关知识

1. 扩大知识面

总服务台员工推销酒店,不仅对客房设施要熟悉,同时对该地区的旅游景点、旅游吸引力以及名胜古迹、风味小吃等也要熟悉,并告诉客人,向客人推销,这样可以延长客人停留的时间。

2. 努力争取客源

努力争取客人再来酒店下榻。

3. 了解客人通常的问题

客人通常的问题包括下列内容:

①你能为我叫一辆出租车吗?
②这里最近的购物中心在什么地方?
③我要去最近的银行,从这里怎么去?
④我要去看电影,怎么走?
⑤本酒店办理离店结账是什么时间?
⑥哪里有比较好的餐厅?
⑦洗手间在哪里?
⑧附近有旅游景点吗?

4. 建立信息库

总服务台员工要有广博的知识,同时要建立实用信息库。对客人问到的问题回答不出来是很尴尬与失礼的,影响酒店声誉。

5. 掌握必知问题

总服务台员工要掌握有关店内设施及当地情况的业务知识,以便客人提出时很有礼貌地予以答复,并且推销酒店服务。其主要包括以下内容:

①酒店所属星级。
②酒店各项服务的营业或服务时间。
③车辆路线、车辆出租公司、价格等。
④航空公司的电话号码。
⑤地区、城市地图。
⑥本地特产。
⑦名胜古迹。
⑧酒店咖啡厅的营业时间、餐厅营业时间和商场的营业时间等。

6. 推销客房

推销客房时,要建立在可以实现的基础上,必须用令人信服的语言来表达、描述向客人提供选择的客房和下榻场所的情况。在实际推销中要特别注意向客人提供的客房等级要符合客人的实际情况,并不一定要先向客人推销高价房间。总服务台人员不能与客人进行讨价还价,而是要按照酒店公布的报价来推销。要充分介绍酒店的客房及各种服务设施与服务项目。

介绍时可采用以下说法:
①游泳池畔帐篷小舍。
②高层安静的行政管理办公客房。
③新装修的获奖房间。
④豪华、宽敞迎宾接待客房。
⑤塔楼代办服务客房,提供优质、豪华服务。
⑥奇异独特的山景客房,宁静怡人。
⑦此房间非常适合于您的要求。
⑧房间对于您迎接您的小团队是十分方便的,也极为理想。
⑨您可以很快进入梦乡而不受喧哗的干扰。
⑩您的孩子可以同住一个房间,这样免得您为他们担心。

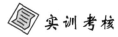

实训作业

每小组将实训结果拍成视频,发到班级学习群,请同学们点评、老师评价。不符合要求的,继续练习。

实训考核

组别:_____ 姓名:_____ 时间:_____ 成绩:_____

	加分	扣分
听课认真程度		
观看视频认真程度		
模拟练习效果		
参与实训认真程度		
实训作业完成程度		

实训项目十四　问询员服务礼仪

 实训目的

了解问询岗位员工服务技能要求,熟悉问询员的主要工作,掌握问询员服务礼仪。

 实训课时

2课时

实训内容　问询员服务礼仪

实训步骤:
1. 阅读相关知识
2. 按照问询岗位员工服务技能要求进行实训,教师边讲边做,学生边学边练
3. 以某酒店为例,模拟问询服务(学生课前要储备酒店产品,熟悉各个产品,提供问询服务)
4. 教师点评,强调问询服务时信息的储备,礼仪要到位

 相关知识

一、问询员的主要工作

1. 主要任务

问询员的主要任务是接待问询,接受宾客委托代办事项。

2. 聆听客人的要求

①仔细聆听客人要求,必要时做适当记录;未听清楚之处要向客人问明。

②判断事情可能性,能够办到的给客人满意的答复;解决难度大的,要事先告知客人,并表示尽力而为;涉及费用等问题时,应事先告知客人,并请客人预付足够费用;征询客人终止时间,如果在规定时间内不能完成的应及时与客人商量。

3. 向客人道别

问客人道别时,可说:"您慢走,再见。""谢谢您的询问,再见。""有事随时联系,再见。"

二、问询岗位员工服务技能要求

1. 问询岗位工作流程

①上班前5分钟到达岗位,并接受仪表、仪容的检查。

②与上一班当班人员进行交接,对相关问题要当面问清。

③在"交班簿"上签字并阅读"交班簿"。

④了解当天酒店内的最新动态与房态,熟悉当天抵店的VIP情况。

⑤检查传真等是否已交到相关的客人手中,检查有无留言、留言灯是否还亮。

⑥午间时取出当天的报刊及客人信件,检查完之后交到行李主管处。同时检查传真等。

⑦整理、处理信件与传真等,做好当班的传真营业报表。

⑧将未办理之事详细交代给下班当班人员,如当班时有委托代办,须详细记录在专门的本册上,尽量在当班时完成,万一未能完成,则要详细交代给下一班。

⑨将所有留言处理完之后,关掉留言灯。

⑩清理杂物,搞好柜台卫生,清点办公用品,及时进行补充。

⑪做好当天酒店内部的传真营业报表,将客人的信件寄出。

⑫进行交接班。

2. 问询岗位操作要求

(1)问询。

客人问询的内容既包括有关酒店本身的一些情况,也有关于酒店所处城市的交通、旅游景点等方面的问题,涉及面可能会相当广泛,因此,问询岗位的员工必须具备一定的知识面,掌握大量的相关信息,了解有关的最新信息,以便能给出令客人满意的答复。

(2)查询。

查询的内容一般有客人的房号、客人是否有其他来访者等。接待这一类的查询,问询员首先应问清来访者的身份与姓名及其与住店客人的关系等,然后打电话给被查询客人的房间,客人表示同意后,才能让来访者进入楼层造访。如果客人正好不在房内,问询员就应严格遵照保护客人隐私权的原则,不能随便将客人的房间号码告诉来访者,更不可以随便让来人进入房间找人。

(3)客房钥匙的管理。

在客房钥匙的管理方面,应注意以下几点:

①钥匙应由专人负责,每天开始工作前,检查是否所有钥匙都放置在了正确的位置上。要特别注意钥匙及邮件架的安全,无关人员不允许拿取钥匙。

②注意与收款员、大厅服务人员及团队陪同、领队等保持联系,提醒离店的客人归还钥匙。

③要注意钥匙的保养,定期擦拭,发现有损坏则立即更换。

(4)客人信件的处理。

对客人的信件必须认真负责地进行处理,仔细查找后,完整无缺地交到客人手中,避免发生因信件传递有误而引起不必要的麻烦,或者是给客人带来不必要的损失。处理方法是:

①将信件与在店团队客人名单核对,找到收件人之后,在信封上写上收件人房间的号码。

②将信件放入相应的邮件架格内,并每晚定时检查,若发现客人未取走信件,应派人将信件送到客人的房间。

③把余下的信件与"预订登记簿"、预期抵店客人的名单进行核对,找到收件人之后,将客人抵达的日期写在信封上。如果是当天就要抵达的客人的信件,应马上交给开房组,其他信件则暂时先存放在信件寄放架内,当班的问询员应每晚检查信件存放架,把次日即将抵店的客人的信件交给开房组。

④其余的信件与"邮件转寄单"进行核对,按转寄单上客人所注明的要求进行办理。

⑤有一部分信件可能是已经离店客人的,则应与住店客人名单、客人资料档案卡进行核对,找到收件人之后尽快转寄。

⑥若是无人认领的信件,在到了酒店规定的保管期限之后,可经主管人员批准,将信件退还给寄件人。

3.留言服务

(1)访客留言。

访客留言一般是一式三联,先由服务人员将"访客留言单"填写完毕交给领班检查。之后,开启客房的留言灯,把访客留言单的第一联放进钥匙或邮件架,第二联、第三联则分别送交电话总机与行李员。其中,行李员还需要将"留言单"从房门底下塞入客房里。这样,客人就可通过三种途径来获悉访客留言的内容。问询员为确保客人获知留言的内容,应将留言灯一直开启到客人拿到留言单为止。

(2)住客留言。

客人为预防在其离开期间有人造访,往往也需要留言,这时就需要填写另一种留言单,即"住客留言单"。住客留言单一般是一式两联,分别由问询组与电话总机保存。如有客人来访,问询员应将留言内容告知来访者。

 实训作业

了解所在地区(城市)的地理位置,熟悉机场、码头、车站、商场、超市等信息,将这些信息整理上传至班级学习群进行共享。

实训考核

组别：_____ 姓名：_____ 时间：_____ 成绩：_____

	加分	扣分
听课认真程度		
观看视频认真程度		
模拟练习效果		
参与实训认真程度		
实训作业完成程度		

实训项目十五　总机服务礼仪

 实训目的

了解总机服务的基本要求,熟悉接听电话礼仪和打电话礼仪,掌握总机服务礼仪。

实训课时

2课时

实训内容　总机服务礼仪

实训步骤:

1. 阅读相关知识
2. 了解总机服务台主要工作
3. 熟悉话务员声音的要求和注意事项
4. 掌握接听电话礼仪、打电话礼仪
5. 按照总机话务岗位员工技能要求进行实训操作
6. 学生分享实训心得,教师点评(强调话务服务的重要性)

 相关知识

一、总机服务台主要工作

总机服务台的主要工作包括:

(1)店内外电话接转。

(2)长途电话服务。

(3)叫醒服务。

(4)问询服务。

(5)留言服务。

(6)店内呼叫服务。

(7)紧急情况时充当临时指挥中心。

二、声音的要求

酒店电话员的声调、语言以及个人的知识等是促进未来客人决定在该酒店下榻的重要因素。

1. 声音亲切，语言明快

接电话时应提倡运用富有人情味的声音，运用带笑声音与对方通话。亲切、明快的声音使对方感到舒服，感到满意。有人称电话小姐是"微笑大使"，她们通过自己的声音在公众和酒店之间架起友好的桥梁。可见，通话时充分调动一切语言修辞手段是树立酒店良好形象、与公众建立良好关系的有效手段。

2. 语气自然，注意措辞

酒店员工在表达时，要注意语气的自然流畅，心平气和，礼貌有加。

3. 音量适中

音量要适中，不要过高，也不能过低，以免客人听不清。采用愉快、自然的声音，速度以适应对方速度为宜。

4. 声调自然

声调要自然、清晰、柔和、亲切，不要装腔作势，也不要声嘶力竭，而要给人一种愉悦的感受。

5. 发音清楚

发音清楚、易懂，不夹杂地方乡土口音，如潮汕口音、客家方言，以免对方听不懂造成误会。

6. 语调优美

语调要优美、热情、奔放、富于表达力，而不是单调的，令人厌烦。

三、注意事项

1. 遵守保密制度

答复客人查找的事项，要在不违反保密规定的前提下。在大多数情况下，电话总机服务员不准向问话对方提供客人的姓名、房间号码以及其他任何有关客人的情况，保证客人的隐私、生活安静和居住环境不受侵犯。

2. 快捷服务

电话总机服务因不能与客人见面，增加了难度，需用全面的知识、快捷的判断来处理事情。

3. 使用礼貌用语

注意使用礼貌用语，不准讲粗话或使用蔑视和污辱性的语言。任何时候，不能使用

"喂""不知道""什么""不在""我很忙",或者随便挂断电话。

4. 不要出差错

打错电话,特别在夜间,必定打扰客人休息。所以,应尽量避免出差错。

5. 留言服务

应问清来电者身份、大致事由,再请其稍等,记清有关内容,请对方留下电话号码再复述,然后说谢谢。禁止窃听客人的电话。

6. 叫醒服务

如遇到客人要求叫醒,应记录清楚,准确操纵自动叫醒机或准时用电话叫醒,不得耽误,无人接听时,可隔两三分钟叫一次,三次无人接听时,通知服务员。

酒店话务员要细心而准确地催醒客人,这是职责。电话话务员的任何一次失职,或没有按照客人的要求按时催醒客人,会引起客人的不满,因为这种粗心服务可能会使客人错过一次班机,耽误客人的行程或损失一笔大生意。

7. 答复问询

答复问询时,要耐心、礼貌地为客人解决问题。

8. 处理紧急事件

处理紧急事件时,要迅速、准确而不忙乱,要熟悉本地区公安、消防等有关业务单位的电话。

9. 不得打私人电话

不得利用工作之便打私人电话,影响酒店正常工作。

四、接听电话的礼仪

1. "三响之内"接洽

所有来电,务必在三响之内接洽,以充分体现酒店的工作效率。如果故意延误,提起听筒以后还照常和周围的人闲扯,把发话人搁在一边,这是不允许的。

2. 先问好,再报单位,再用问候语

这样可以避免搞不清身份和拨错电话的麻烦,例如"您好,××酒店",一般要求用普通话,也可用英文。例如,"Good morning,××Hotel"。

接电话问好、报单位后讲问候语,例如,"请问我能帮您什么忙吗?"切忌自己什么都不说,只是一味地询问对方:"您叫什么名字?您是哪个单位的?"这种做法极不礼貌。另外注意的是,问好、报单位、问候语这三者开头语的顺序不能颠倒弄错。这样显得彬彬有礼,给人一种亲切感。

3. 避免用过于随便的语言

热情、修辞恰当的语句是电话回答成功的一半,因而不要用非正规、非专业化以及不礼貌的词语。

4. 电话接线要迅速准确

下榻在酒店的客人所接到的大多数电话都是长途电话，都很重要，因而电话接线要迅速准确。另外，不能误传客人的信件或电话留言，一定要做到认真、耐心、细心。通话时，听筒一头应放在耳朵上，话筒一头置于唇下约5厘米处，中途若需与他人交谈，应用另一只手捂住话筒。

5. 注意聆听

在客人讲完之前不要打断也不可妄下结论，对听不清楚的地方，要复述客人的话，以免搞错。听电话时要注意礼貌，仔细聆听对方的讲话，要把对方的重要话进行重复，应不时地用"嗯""对""是"来给对方积极的反馈。

如果对方发出邀请或会议通知，应致谢。如对方反映问题或是客人投诉，接待要耐心，回复对方的话要十分注意语气和措辞，要显得热情、诚恳、友善、亲切，并使对方能体会到对他的关注。

6. 做好记录

若遇到重要的事，应做记录。记录时要重复对方的话，以检验是否无误。然后应等对方来结束谈话，如果电话上定不下来，可告知对方待请示领导后，再通电话决定。

7. 通话完毕

通话结束时，应说"谢谢您！"通电话以对方挂断电话方为通话完毕，任何时候不得用力掷听筒。

五、打电话的礼仪

1. 说话要直截了当

在打电话时，要直对着话筒说话，嘴唇与话筒相距5厘米为宜，使用正常的语调，说话直截了当，开门见山。

2. 做好准备工作

电话簿、常用电话号码、日历、记录本以及笔等全部应放在便于拿到的位置。拨电话之前，员工应做好各项准备，如各种表格、数据、图表和有关内容。

3. 礼貌接听电话

打电话的人只能根据自己听到的声音判断对方对自己的态度，热情友好、及时地招呼对方是最基本要求。员工应该明确自己的岗位，如果所找的人不在，接电话的员工应提供帮助，解释要找的人不在，并说明大约何时回来，或把电话转给某一个可以代替的人，或留下电话记录。一个完整的电话记录应包括下列内容：

①受话人姓名。

②发话人姓名及公司。
③发话人电话号码及分机号码。
④发话人所在的城市。
⑤电话留言。
⑥要求的和允许的活动。
⑦通话的日期和时间。
⑧记录人姓名。

4. 礼貌中断电话

如果员工在通话过程中务必离开一下,应该请发话人等待一下或请对方稍候再打电话来。如果对方愿意等待,应告知对方他的电话没有挂断,并轻轻放下话筒。

5. 礼貌转接电话

员工只有在确信电话所转对象能向发话者提供帮助时,才能将电话转过去,应告诉发话人要将电话转接并解释为什么要转接的理由。

6. 礼貌地结束电话

员工在结束电话时,应使用恰当的结束语,以对发话人表示感谢,或对自己未能提供帮助表示歉意,应让发话者先挂电话,以免对方有什么误解。

六、总机话务岗位员工服务技能要求

1. 总机话务岗位工作流程

①准时到岗,进行交接班。交接时必须向上一班人员了解清楚叫醒服务情况、电话转移情况及客人其他的一些特殊要求。
②阅读"交接班记录"并签名。
③了解当天天气情况。
④了解当天的VIP,熟悉他们的姓名及房号。
⑤开展正常话务工作。

2. 总机话务岗位操作要求

(1)电话转接及留言服务。

①向打来电话者热情问好,然后认真聆听客人讲话再转接,并说"请稍等",如果客人需要其他问询、留言等服务,应对客人说:"请稍等,我帮您接通××部门。"
②在等候转接时,为客人播出悦耳的音乐。
③接转之后,如果对方无人接听,话务员应在铃响五次之后向客人说明:"对不起,电话没人接,请问您是否需要留言?"若是需要留言,则将电话转至前厅问询处。若是给酒店管理人员的留言,则由话务员清楚地记录下来,通过寻呼或其他方式尽快将留言转达给有关人员。

(2)回答问询及查询服务。

①如果客人查询的是常用电话号码,话务员须以最快的速度对答,体现工作效率。因此话务员平日应熟记、背诵一些常用的电话号码。

②如果客人是查询非常用电话号码,话务员应请客人稍等,保留线路,以最有效的方式为客人查询号码,在确认号码正确无误后,再及时通知客人。如果所查询的号码比较难查,一时间查不出来,则应请客人留下电话号码,等查清后再主动与客人进行联系,将号码告诉客人。

③如果来电是查询客人房间的电话,话务员务必要注意为客人保密,不能泄露住客的房号,应先接通,让客人直接与来电人通话。来电时如果总台电话占线,话务员可通过电脑为客人查询。

(3)"免电话打扰"服务。

①话务员要将所有提出免电话打扰服务要求的客人姓名、房号记录在交接本上,并注明接到此通知的时间。

②话务员将这些客人房间的电话号码通过话务台锁住,并要及时、准确地把这一信息通知给所有的当班人员。

③客人取消了免打扰服务后,接到通知的话务员应立即通过话务台释放被锁住的电话号码,并在交接班记录本上注明取消的时间。

④在客人接受免打扰服务期间,若有人来电要求与客人通话联系,话务员应将客人不愿意被打扰的信息礼貌地告知来电者,并建议其留言或是等客人取消免打扰服务之后再进行联系。

(4)叫醒服务。

对每一个来自酒店内部客人的叫醒服务申请,话务员都要进行确认。将叫醒日期、房号、时间、话务员工号及收到申请的时间都清楚地记录在记录本上。并把信息输入电脑,检查是否正确。

夜班的话务员应把叫醒记录按时间顺序整理、记录在交接班本上,注明相关信息并签字。

当班的话务员务必在当日的最早叫醒时间之前先检查叫醒机是否工作正常,一旦发现问题,应及时通知相关部门进行处理。

话务员务必在客人要求的时间准时叫醒客人,向客人亲切问好,并提醒其叫醒时间已到。

在叫醒时,话务员一旦发现有异常情况,要及时通知有关部门,并准确记录在交接班本上。

(5)火警电话的处理。

①当班的话务员接到火警电话时,要保持极其清醒的头脑,弄清火灾发生的地点及火情。

②立即通知总经理及主管经理,并说明有关情况。

③通知工程部、保安部、医务室等有关部门及火灾区域部门管理者立即赶到火灾发生地点,在通知时要清楚地说明火情及具体地点。

实训作业

每位同学提供3个电话接打的案例,分享到班级学习群。

实训考核

组别:_____   姓名:_____   时间:_____   成绩:_____

	加分	扣分
听课认真程度		
观看视频认真程度		
模拟练习效果		
参与实训认真程度		
实训作业完成程度		

相关链接

一、前台接待服务标准

①上岗前按规定着装,服装挺括、整洁,皮鞋光亮;左胸前佩戴胸牌;头发梳理整齐,男员工头发不过衣领,不留胡须,女员工头发不得过肩。

②在岗时站立服务,站姿端正,保持自然亲切的微笑,任何时间不得随意离岗。

③礼貌周到,待客和气,见到客人主动打招呼,对客人用敬语,语言规范、清晰,如遇繁忙,请客人稍等。

④热情接待客人,用相应语言接待中外客人,提供周到、细致的服务。

⑤态度和蔼、亲切,切勿谢绝客人,应使客人感到亲切、愉快。

⑥服务快捷、准确,为客人办理入住登记手续不得超过3分钟。

⑦准确、及时将客人抵、离时间,各种活动安排通知有关部门,保证衔接无差错。

⑧大堂总台各种工作用品完好、有效、整齐、清洁、有序,周围环境整洁,盆景鲜艳、美观。

⑨管理人员坚持在服务现场督导,每天做好岗位考察记录。

⑩做好交接班记录,交接工作清楚、准确、及时、无差错。

二、前台办理入住登记、验证服务标准

①新员工上岗前,将登记验证作为重点工作进行培训。

②登记时，接待员必须认真地核对"住宿登记表"上的所有项目，严格执行公安部门的有关客人登记、验证及户籍管理的规定。身份证和护照、签证必须齐全、有效，发现过期失效的一律不得办理入住登记手续。发现查控人员，立即报告安全部门。

③当班经理、主管负责检查当班接待员入住客人的登记，若有遗漏，要及时与客人联系补齐，以确保信息的准确。

④在登记、验证过程中，如遇接待员不能处理的特殊情况，须逐级上报，不可擅自处理。定期对登记、验证工作进行考核，考核不合格者不允许上岗。对在登记、验证方面出现问题的接待员，视情节轻重进行处理。

三、解决客人需求工作标准

1. 接受客人要求

①首先表示出自己乐意帮助的态度。

②对问题内容做记录，包括客人的名字和房号。

③重复客人的问题以证明自己明白客人的需求。

④即使客人提出的需求是由其他部门来完成的，也要帮助客人，不能推诿。

2. 解决问题

①告诉客人解决其需求的方案和大约所需时间。

②如果可能要告诉客人事情进展的情况。

③如果有费用问题一定要事先告诉客人。

④如客人的需求不能解决，要想其他方法尽量给予帮助。

3. 善后工作

①客人需求解决后要询问客人是否满意。

②做好记录，以便查询。

四、团队预订客房服务标准

1. 询问、明确团队情况

①团队名称、住客姓名、国籍、身份、人数、抵离店时间、使用的交通工具、房间种类和数量、用餐类别及时间和标准。

②付款方式、费用自理项目。

③团队中其他要求和注意事项。

2. 查核

①酒店优惠卡。

②核查预订人身份、联系电话、单位名称等。

3. 复述、确认预订内容

①复述并确认预订内容。

②明确预订房间最后保留时间。

4. 记录预订

①填写"团队预订单"并输入电脑。

②按日期存放订单。

五、接机服务标准

1. 准备

①提前从前台获得需接机客人的姓名、航班号等信息。

②准备接机牌,打印接机单。

③提前向机场确认航班是否准时。

④通知车队按时派车。

2. 迎接客人

①举接机牌站立在出口处,确保仪表、行为规范符合酒店要求。

②向接到的客人致欢迎辞。

3. 返回酒店

①帮客人搬运行李,送客人上车,确认行李数目。

②途中向客人介绍酒店及当地情况。

③到达酒店,帮客人拉车门,再次确认行李数目。

④送客人到前台办理入住手续。

六、建立客户档案工作标准

1. 准备客人登记表

汇集前一天办理登记的客人住宿登记表。

2. 查询客人个人资料

①进入电脑程序,选择相应目录可进入客人历史档案查询网。

②选择相应电脑程序,并同时根据"客人登记表"输入客人姓名的第一个字母或第一个字,即可得到客人个人资料或得知有无电脑记录。

3. 建立客人历史档案

①选择电脑程序相应一项,输入客人的姓名、性别、公司名、家庭地址、邮编、国籍、城市名称、护照号码、签证号码、生日等,以此为据,为客人建立历史档案。

②将客人其他特殊要求输入备注一栏。

4. 确认

输入完成后还要检查电脑存储资料是否同客人手写资料相符,确认无误。

七、电话业务服务标准

1. 接收

①保证电话间整齐、清洁。

②电话间内有"请勿吸烟"标志,在电话间桌子(或墙壁)上放国外、国内直拨长途电话地区代码表,并备有笔、纸供打长途电话客人使用。

③告诉客人计费方式。

2. 核对

①客人类型:住店客人或非住店客人。

②电话类型:国际长途或国内长途。

③付款方式:现金、信用卡、入房账。

④如客人是住店客人,迅速查对酒店预订系统,核对客人的姓名和房号。

⑤如客人是非住店客人,告诉客人须现金付款。

3. 通话

①拨总机请打开长途线。

②告知其他工作人员客人正在打长途电话。

③及时正确计价。

4. 结账

①按电脑显示金额计价。

②开账单。

③在"登记单"上记录。

实训项目十六　客房员工服务礼仪

实训目的

了解客人住店期间的服务内容及操作要求,熟悉客人离店时的服务内容及操作要求,掌握客房员工服务礼仪。

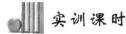
实训课时

4课时

实训内容一　客人住店期间的服务

> **实训步骤：**
> 1. 阅读相关知识
> 2. 小组进行送水、房餐、洗衣等服务实训
> 3. 小组成员进行角色互换,再次实训练习
> 4. 学生分享实训感受,教师点评

相关知识

客人住店期间的服务内容及操作要求主要有以下几个方面:

1. 客房小酒吧

在提供客房小酒吧服务时,客房部服务员应遵循以下操作要求:先检查客人是否用过小酒吧,如果用过,则核对客人是否有填写清单,如果没有填写,应帮助客人填写;如果客人填写有出入,应向客人说明、澄清并进行更正。检查小酒吧的饮料和食品,进行及时补充,在补充时,要注意检查饮料和食品的有效期。

2. 送水服务

①每天给客人送两次水,早晚各一次。客人有时会要求送茶水,服务员应及时提供服务,并问清楚客人需要哪一种茶。

②注意观察,当有人来拜访客人时,要主动问客人是否需要送茶水,主动提供适时的服务。

3. 房餐服务

房餐服务是指客房部服务员将客人所点的食物送到客房的一种服务。在具体的操作中,要注意以下事项:

①所送餐饮必须使用保温、保凉和保暖的用具,并且一定要保证其清洁。送餐时要小心细致,避免将食物打翻在地。

②提供房餐服务后,要记得将客人用过的餐具和用剩的食物撤出房间,以免影响房内的卫生和遗失餐具。收餐一般是在送餐1小时之后,并征得客人同意。

③在收餐时,应注意清点餐具,检查有无损坏,并注意擦干净桌上的脏物,将烟灰缸、玻璃杯等进行及时的更换。

④请客人在账单上签名。

⑤提供房餐服务一般收取20%～30%的服务费。

4. 洗衣服务

①在将客人的衣物送至洗衣房洗涤之前,应要求客人先填好"洗衣登记表"。登记表一般放置于写字台上或是与洗衣袋一起放在衣橱中,客人有衣物要洗时,先填好表,在上面注明自己的姓名、房号、所需洗涤衣物的件数以及日期,并要注明是需要普通洗涤还是快洗。

②服务员进房收衣服时,应仔细核对客人所填表格是否与实际相符,同时检查衣服是否褪色或有污损,纽扣有无脱落以及衣服口袋里是否有忘了拿出的东西等,如果有问题,应向客人说明,并在登记表上注明。

③必要时,客房部服务员还应在登记表上注明洗涤过程中对某些情况的处理方法,如洗涤时的缩水、褪色问题等,以及出现洗坏或是丢失等情况时的赔偿问题等。

④衣物洗涤干净之后,服务员要根据洗衣单进行仔细核对,然后将衣服送至客人的房间,并请客人查收,等客人查点清楚之后再离开房间。

⑤客房部服务员应在存根联上注明送衣日期与时间,签上姓名。

实训内容二　客人离店时的服务

实训步骤:

1. 阅读相关知识
2. 小组进行客人离店时的准备工作、送别工作、检查工作等服务实训
3. 小组成员进行角色互换,再次实训练习
4. 学生分享实训感受,教师点评

相关知识

客人离店时的服务内容及操作要求主要有：

1. 为送客人做好准备工作

①要了解客人离开酒店的确切日期与时间，以及将要搭乘的交通工具。

②检查客人是否有委托代办的事项，如果有，是否已办妥；核对客人应该送到总台的账单是否已结清。

③问清客人是否需要行李搬送服务，如果需要的话，应问清具体的搬运时间及行李的件数，然后及时通知前厅的行李组，以方便其早做准备。

2. 客人离店时的送别工作

①当客人离开房间时，应向其微笑道别。

②为客人按电梯，当电梯到达楼面时，用手挡住电梯活动门，请客人进入电梯，并协助行李员将行李送入电梯、放好。

③当电梯门即将关闭时，向客人微笑告别，并向客人表示欢迎再次光临。

3. 客人离开之后的检查工作

①客人离开楼层之后，应立即入房仔细检查。看客人离房之前是否使用过小酒吧的酒水，如果有，应立即告知结账处，并将酒水单送到前台。

②检查房间物品是否有丢失，如果有，应立即报告大堂经理，及时进行处理。

③检查客人是否有物品遗失，如果有，应立即追送。若未能追上，应按酒店有关规定进行处理。

④做好离店客人的情况记录，并送至客房部进行存档，以备查阅。

实训内容三　客房服务礼仪

实训步骤：

1. 阅读相关知识
2. 小组进行客人到店迎接服务、楼层接待服务、客房接待服务礼仪实训
3. 小组成员进行角色互换，再次实训练习
4. 学生分享实训感受，教师点评

相关知识

1. 客人来前准备服务礼仪

①客房服务人员提前进入工作状态。

②掌握客情。

③整理客房。

④检查房间设备、用品。

⑤调好客房空气和温度。

⑥准备好香巾和茶水。

2. 客人到店迎接服务礼貌礼节

(1) 迎接礼貌礼仪。

客人来时的迎接工作是客房礼貌礼节工作的开始,它以客人到达该楼层为标志,以主动、热情地欢迎客人为重点,迎接时做到态度热情、语言亲切、举止大方、礼貌周到、服务主动,给客人以宾至如归的感觉。

(2) 客人到店礼貌礼仪。

①客人来到电梯,楼层服务员在电梯口迎接,主动向客人问好说:"先生(小姐),一路辛苦了,欢迎您入住我们酒店。"如果是常客,服务人员可以直接道出客人的姓,说:"某先生(小姐),很高兴我们又见面了。"打招呼之后要引导客人下电梯,主动接下客人的行李。对客人随身携带的手提袋或小件物品,在征得客人同意后再帮助客人提取。贵重行李要做到轻拿轻放。

②在客人进入客房坐下后,服务员根据客人人数和要求,送来香巾和茶水,让客人产生亲切感。

③简单介绍客房的主要设备,饭店服务项目、服务时间,包括开关、闭路电视节目时间、传呼服务员的电钮和使用方法,各餐厅主要经营风味、楼层和开餐时间等。

④介绍宾客住店须知和酒店情况。介绍时要简洁明了,时间不能拖得太长,宾客须知也可以让客人自己看。如果接待团体大批客人,应集中人力具体分工,分别迎接客人。

⑤服务项目和宾客须知介绍完成后,服务人员应该询问客人:"还有什么我能为您服务的吗?"然后告别,祝客人住宿愉快,后退一步,再转身轻手将门关上。

3. 楼层接待员服务礼仪

①仪表整洁,仪容端庄,精神饱满,恭候来宾。

②热情问候入住宾客"您好,欢迎光临!"并行15°鞠躬礼。

③对客人手中的行李物品,可主动提供帮助,但不得硬性坚持把宾客手中的东西拿过来,要尊重客人的意愿。

④对于老、弱、病、残的宾客,要及时适度地搀扶,给予关心和帮助。

⑤客人进入客房坐下后,送来香巾和茶水。
⑥简单介绍客房的主要设备、酒店情况和宾客须知。
⑦介绍完应祝福客人,立刻离开。

4. 客人入住后的针对性服务礼仪

①熟悉客人的身份。
②观察客人的嗜好忌讳。
③注意客人身体变化。
④掌握客人的特殊要求。

5. 客房接待服务礼仪规范

①进门前,先看清房门是否挂有"请勿打扰"的牌子,绝对不要擅自入门。
②进房时,首先必须按门铃,如未见动静,再用中指第二关节有节奏地轻敲房门三下,同时自报"服务员",在征得客人同意后方可入内。
③在客房内工作时,要把房门打开,工作车置于房门口。
④在打扫客房时,不得擅自翻阅宾客的物品,打扫后物归原处,切勿移动或摔坏。在服务过程中不得在房内看电视、听音乐或者使用电话以及接听宾客的电话。
⑤整理房间最好在客人外出时进行。
⑥平时见到宾客进出,要主动招呼问候,微笑示意。
⑦宾客与别人交谈时,不得随意插话或无意识地以其他形式进行干扰。

 实训作业

了解某酒店客房工作流程,写出客房服务礼仪,发到班级学习群,分享感受。

 实训考核

组别:_____ 姓名:_____ 时间:_____ 成绩:_____

	加分	扣分
听课认真程度		
观看视频认真程度		
模拟练习效果		
参与实训认真程度		
实训作业完成程度		

实训项目十七　　引位员服务礼仪

实训目的

掌握引位员服务礼仪。

实训课时

2课时

实训内容　　引位员服务礼仪

实训步骤：

1. 阅读相关知识
2. 了解引位员的服务要求
3. 掌握引位员的服务技巧
4. 小组成员实训，同学互评，教师点评，角色互换再次实训
5. 教师总结（强调引位员工作的重要性）

相关知识

一、引位员的服务要求

①衣着整洁，独具特色，精神饱满，热情大方。

②客人进入餐厅后，礼貌地向客人了解来宾的人数、是否预订等情况，然后引领客人就座。如："小姐（先生），您好！""晚上好！""请问，预订过吗？""请问，一共几位？"客人同时到达，要先问候女宾，再问候男宾。有预订的客人，非特殊情况不可随意更改位置。对未预订的客人，应根据客人的要求和具体情况灵活安排，不应勉强客人。

③对用餐高峰时在休息室等待的客人，要表示真诚的歉意，并及时、按次序引领入座用餐。

④向用餐的客人多说几句礼貌话，如："小姐（先生），十分抱歉。今天客人太多，委屈您了，下次光临一定为您安排个好座位。"以示关心与热情。

二、引位员的服务技巧

引位是客人进入酒店餐厅后接受服务的开始,规范优质的引座能使客人对酒店餐厅留下良好的第一感觉。同时,引位技能恰到好处的运用,可以使酒店餐厅的空间得到很好的利用,方便餐厅员工的服务,衬托出餐厅环境不同一般的感观印象,增加客人的满意度。引位的具体技巧有:

①根据客人的人数安排相应的地方,使客人就餐人数与桌面容纳能力相对应。这样可以充分利用餐厅的服务能力。

②酒店的引位员应当表现出向客人诚意的推荐,在具体的引位、推荐过程中应当尊重客人的选择,使双方的意见能很好地结合起来。

③第一批客人到餐厅就餐时,可以将他们安排在比较靠近入口或距离窗户比较近的地方,使后来的客人感到餐厅人气旺盛,构造出热闹的氛围,避免给客人留下门庭冷落的印象。

④对于带小孩的客人,应尽量将他们安排在离通道较远的地方,以保证小孩的安全,同时,也利于餐厅员工的服务。

⑤对于着装鲜艳的女宾,餐厅可以将其安排在较为显眼的地方,可以增加餐厅的亮色。

⑥对于来餐厅就餐的情侣,可以将其安排在较为僻静的地方。

⑦餐厅经营高峰时,引位员要善于做好调度、协调工作,灵活及时地为客人找到位置,掌握不同桌面客人的就餐动态。

 实训作业

1. 以小组为单位,采用角色扮演的方式,进行引位员实训练习,注意引位时的手势、语言、眼神、表情、走姿等方面的协调,起到引领、问候、交流的效果。

2. 课后学生将自己引位练习的视频发到班级学习群。

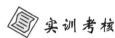 **实训考核**

组别:_____ 姓名:_____ 时间:_____ 成绩:_____

	加分	扣分
听课认真程度		
观看视频认真程度		
模拟练习效果		
参与实训认真程度		
实训作业完成程度		

实训项目十八　值台员服务礼仪

实训目的

了解值台员的工作内容,熟悉恭请点菜、席间服务中的服务礼仪。

实训课时

4课时

实训内容一　恭请点菜

实训步骤:
1. 阅读相关知识
2. 进行点菜和写菜实训
3. 学生分享实训感受
4. 教师点评

相关知识

1. 点菜

周到、热情、切合客人需求的点菜服务能让客人从餐厅服务中感到超值的享受,使客人对酒店餐厅留下深刻的印象,并且能增加客人在酒店的消费。餐厅员工在为客人进行点菜服务时要注意以下几方面:

(1)按客人的居住地点和具体生活习惯为其点菜。

①对于老年客人,可以向他们推荐一些比较松软、不含胆固醇、油脂较低的食品。

②对于急于用餐赶时间者,可以向他们推荐一些制作方便、快捷的食品。

③北方人喜欢面食,味道较重,偏向浓郁、咸味较重的食品。

④湖南、贵州客人口味较重,比较喜欢带有辣味的食品;四川人喜欢麻辣食品。

⑤江浙沪一带的客人比较喜欢甜食,口味清淡。

⑥广东、港澳地区客人喜欢生、脆、鲜、甜的食品,口味清淡,喜欢在用餐前喝老火汤。

(2)考虑客人的消费能力。

①普通消费者。这类客人构成了餐厅中的大部分客源,点菜时他们更多地考虑经

济实惠,可以向他们推荐一些家常菜。

②工薪阶层消费者。此类客人虽然并不追求高消费,但有一定的消费能力,可以适当地向他们推荐一些档次较高的菜。

③高消费者。这类客人追求高消费、高享受,点菜时既要考虑到营养价值又要有观赏价值,可以向其推荐一些比较名贵的菜肴或新鲜野味。

(3)各色菜种的搭配组合。

①烹调方法的组合:在炒菜的同时,可以推荐客人兼顾到用煮、扒、烧、煲、炖、扣、蒸等方法所烹制的菜品。

②冷菜与热菜的组合:一般用餐的时候既要有冷菜又要有热菜,当客人点冷菜较多而热菜较少的时候,可向客人做适当的提醒。

③上菜速度的组合:有些菜如东坡肘子做的时间相对要长一些,可以向客人推荐一些烹制速度较快的菜肴以免使其久候。

④菜肴颜色的组合:点菜时可以考虑不同颜色的适当搭配,绿、黄、红、白几种颜色兼有,能增加视觉上的愉悦和心理上的轻松,增加客人的食欲。

⑤荤与素的组合:太多的油性食品不利于身体健康,可以建议客人在点菜时注意到荤菜与素菜的恰当搭配。

⑥形状的组合:食品的形状有条、块、片、粒、茸等,不同形状的菜的组合同样有助于构成视觉的美感,欣赏到食品烹制方法的多样性。

(4)就餐人数与菜的分量相宜。

在向客人推荐菜肴的时候要考虑到客人的就餐人数,据此来确定为其点菜的分量。但最终确定的菜的分量要尊重客人的意愿和实际情况。

通常每道菜的分量是既定的,但也有一些特殊的菜是根据客人的需求而有不同的分量。

2. 写菜

写菜是记录客人的具体饮食需求,使餐厅能够清楚地掌握客人的需要,从而准确地为客人展开服务的重要一环。

①在写菜时应注意按照客人的提议或需求分量来写,将客人的需求准确地写在订菜单上,如有听不清楚或不明白的菜名,不要擅作主张,应当礼貌地向客人问清楚。

②客人不能很快决定自己所要点的菜时,餐厅员工应耐心地等待,热情地为客人介绍、推荐酒店的特色菜和其他菜的风味、特点。

③如果客人点菜确实比较慢或餐厅快要结束营业时,应用委婉的方式礼貌地向客人解释。

实训内容二　席间服务

实训步骤：
1. 阅读相关知识
2. 进行席间服务实训
3. 学生分享实训感受
4. 教师点评

 相关知识

席间服务要注意以下方面：

取出口布（即餐巾），礼貌地安放在客人腿部。如有外宾用餐，需加放刀、叉、匙等西餐用具。餐间操作要按规程要求进行，斟酒水从客人的右侧，上菜从客人的右侧，分菜从客人的左侧，而餐中撤盘则从客人的右侧。

在为客人斟酒水时，要先征得宾客的同意，讲究规格和操作程序。凡是客人点用的酒水，开瓶前，服务员应左手托瓶底，右手扶瓶颈，商标朝向客人，请其辨认。这主要包括三层意思：一是表示对客人的尊重；二是核对选酒有无差错；三是证明商品质量可靠。斟酒多少的程度，要根据酒的类别和要求进行。斟酒时手指不要触摸酒杯杯口或将酒滴落到宾客身上。开拉酒水饮料瓶盖时，应在客人的侧后方朝外拉开，倒香槟酒或其他冰镇酒时，要用餐巾包好酒瓶再倒，以免酒水喷洒或滴落在客人身上。

宴会的斟酒，要按先主宾后主人、先女宾后男宾的次序进行。然后按顺时针方向依次绕台斟酒。如果是两名服务人员服务时，应一个从主宾开始，另一个从副主宾起，依次绕台斟酒。宾主祝酒时，应退立一旁，并保持安静，不可随意走动。

客人餐毕，应把账单放在垫有小方巾的收盘上或放在账单夹内，从客人左侧递上；账单一般放在主人的餐桌边，不要直接交到客人手里，并小声说："小姐（先生），请您过目，共计×××元。"

如果是让客人签字，服务员要立即送上，同时有礼貌地请宾客出示酒店欢迎卡或房间钥匙。检查要认真，过目要迅速。

当客人付款或签单后，要表示感谢。

客人结完账起身离座时，应及时拉椅让路，方便客人离开，同时提醒有否遗忘随身物品，并友好话别："小姐（先生），欢迎您下次再来，再见！"躬身施礼，目送客人离去。

 实训作业

将所学实训内容进行再次演练，以小组为单位，拍摄成视频，上传到班级学习群。

实训考核

组别:_____ 姓名:_____ 时间:_____ 成绩:_____

	加分	扣分
听课认真程度		
观看视频认真程度		
模拟练习效果		
参与实训认真程度		
实训作业完成程度		

实训项目十九　见面礼仪

　实训目的

了解介绍礼仪的分类,掌握自我介绍、为他人介绍的礼仪规范;了解握手礼的姿态、禁忌以及握手时的注意事项;了解名片的制作规范,掌握名片交换的礼仪规范。

　实训课时

4 课时

实训内容一　介绍礼仪

> **实训步骤:**
>   1. 阅读相关知识
>   2. 进行自我介绍
>   3. 分小组按照拟定情景进行实训练习(上级与下级之间,男士与女士之间,年长者与年轻者之间,主人与客人之间,上级男士与下级女士之间)
>   4. 学生分享实训感受,提出存在的问题
>   5. 教师点评模拟情况,解答存在的问题

　相关知识

介绍是人与人相互认识的桥梁,是人们开始交往的第一步。介绍也是日常接待工作中必不可少的一个环节,是人际交往和接待工作中相互了解的基本方式。

1. 自我介绍

(1)注意手势。

(2)自我介绍要注意三点:

①先递名片,再做介绍(加深印象)。

②时间要简短(1分钟之内)。

③内容要规范。

自我介绍的"四要素":单位、部门、职务、姓名。特别注意:第一次介绍时单位名称要用全称,不用简称,以免产生误解。

2. 他人介绍

由他人作介绍,自己处在当事人位置。如果你是身份高者、年长者,应立即与对方热情握手;如果是身份低、年轻者,应根据对方的反应而做出反应,如对方伸手,应立即回握。

(1)为他人介绍(第三者介绍)。

服务人员、接待人员在接待工作中,为他人作介绍是常有的事情。在社交场合中,通过接待人员介绍让宾客相互认识是一种起码的礼貌。

①介绍表情、手势。

为他人介绍时应文雅。无论介绍哪一方,都应手心朝上,手背朝下,四指并拢,拇指张开,指向被介绍一方,并向另一方点头微笑,切忌伸出手指指来指去。

②介绍的先后顺序:尊者居后。

介绍的顺序为:先男士,后女士;先年轻,后年老;先地位低的,后地位高的;女性之间,先未婚,后已婚;先主人,后客人。

(2)集体介绍。

①将一个人介绍给大家。

这适合于在重大活动中对身份高者、年长者和特邀嘉宾的介绍。如,导游将经理介绍给旅行团的团员。

②将大家介绍给一个人。

集体介绍时应注意顺序:按身份高低、按座次顺序(由近及远)介绍。

实训内容二 握手礼仪

实训步骤:
1. 阅读相关知识
2. 进行握手练习
3. 学生分享实训感受
4. 教师点评总结

 相关知识

一、握手礼

1.握手姿态

行握手礼时,通常距离受礼者约一步,两足立正,上身稍向前倾,伸出右手,手掌垂直于地面,四指并齐,拇指张开与对方相握,微微抖动3~4次(时间以3秒钟为宜),然后与对方手松开,恢复原状。

2. 讲究次序:尊者居前

女士先,男士后;长辈先,晚辈后;上级先,下级后。

特例:

①年轻女士与年老男士。

②拜访时,来时主人先伸手,表示迎客;离去时,客人先伸手,表示道别。

3. 握手力度

①跟上级或长辈握手,只需伸手过去擎着,不要过于用力。

②跟下级或晚辈握手,要热情地把手伸过去,时间不要太短,用力不要太轻。

③异性握手,女方伸出手后,男方应视双方的熟悉程度回握,但不可用力,一般只象征性地轻轻一握(一般握女士全手指部位)。

4. 禁忌

①贸然伸手。

②用左手握手。

③戴墨镜或太阳镜握手。

④戴帽子、手套(除非女士在社交场合作为服装一部分的薄纱手套)握手。

⑤交叉握手。

⑥抓指尖式握手。

⑦握手时目光左顾右盼。

⑧长久地握住异性的手不放。

5. 注意事项

①时机:"聚散忧喜皆握手,此时无声胜有声",就是说友人相逢时、离别时、忧愁时、欢喜时、拜托时、被介绍与人相识时等场合需要互相握手。

②姿势:双方彼此伸出右手,手掌与地面垂直,距离应保持在一米左右。掌心向上表示谦恭,掌心向下表示轻视、不尊重。

③顺序:按照"尊者在前"的原则,即尊者先伸手才能相握。具体而言:男士与女士之间,女士先伸手;上级与下级之间,上级先伸手;长辈与晚辈之间,长辈先伸手;年长者与年幼者之间,年长者先伸手;先到者与后来者之间,先到者先伸手;主人与客人之间,客人登门时,主人先伸手,客人离开时,客人先伸手。在别人忽视握手礼的先后顺序而将手伸出后,应该毫无迟疑地表示回握,不能拒绝他人的握手。

④力度:握手力度适中,要牢而不痛,不能使对方感到疼痛,但是不能蜻蜓点水,好不用力,这样也是不礼貌的。

⑤时间:一般持续3秒钟,如双方是熟人、知己,则另当别论。

⑥目光:握手时目光不能停留在手上,而是注视对方的面部,要用真诚的目光迎接

对方。

⑦接触位置：男士之间握手时，虎口相握；女士之间握手时，手指相握。

⑧表情：握手时的表情应该是愉快的，不可愁眉苦脸。

⑨语言：握手不能莫不吱声，要伴随着祝福语、慰问语、问候语等。

实训内容三　名片礼仪

实训步骤：
1. 阅读相关知识
2. 进行交换名片练习
3. 学生分享实训感受
4. 教师点评总结

相关知识

名片是商务人员、白领人士随身必备的物品之一，并且作为商务人员、白领人士的"自我介绍信"和"社交联谊卡"，在私人交往和公务交往中都起着十分重要的作用。近年来，人们在社会交往、公关活动中交换名片越来越普遍。交换名片成为社交场合中一种重要的自我介绍的方式。恰到好处地使用名片，可以显示自己的涵养和风度，有助于人际交往和沟通。同时，名片作为个人形象和组织形象的有机组成部分，人们往往依此来判断个人修养和企业的正规程度。

1. 名片使用"三不准"。

①不得随意涂改。

②不准提供两个以上的头衔。

③一般不提供私人联络方式，尤其在商务交往、公务交往中。

2. 名片的分类："两类三种"

(1)第一类：企业名片。

企业名片主要用于企业产品交流会等，用来宣传本企业及其产品。名片上提供企业名称、地址、公务电话等内容。

(2)第二类：个人名片。

①第一种：私人名片

类似于做"应酬式"自我介绍，名片上只提供姓名，其他信息一概不提供。

②第二种：商用名片。

商用名片提供内容为"三个三"：

a. 本人归属（企业标志、单位全称、所属部门）；

b.本人称谓(本人姓名、行政职务、学术头衔);

c.联络方式(所在地址、邮政编码、办公电话)。

酌情提供:电子邮箱、传真、手机、私宅电话。

3.名片的交换

(1)如何索取名片。

基本原则:"以静制动"(别人给,然后回礼),如非万不得已,一般不得向别人索要名片。

(2)如何递上名片。

①态度谦恭:以双手食指和拇指执名片的两角,以文字正对对方,一边自我介绍,一边递上名片。此时,眼睛要正视对方,并附有"请多多关照""请多多指教"等寒暄语,切忌目光游离、漫不经心。

对于对方递过来的名片,应该用双手去接,以示尊重和礼节。

如果差不多同时递过名片,自己的应从对方的稍下方递过去,同时以左手接过对方的名片。

②讲究顺序:如果递给很多人,应"由尊而卑""由近及远"。在圆桌上就餐,则从自己右侧以顺时针方向依次递上。

(3)如何接受名片。

①用双手去接。

②应重复对方职务、头衔,加以确认,然后毕恭毕敬地放在适当位置(名片夹、上衣口袋)。

③有来有往,回敬对方。

(4)名片交换注意事项。

①名片应放在随手可取的地方,不应东摸西摸,半天找不到,一般放在西装右胸内侧衣袋。

②出示名片,应把握机会,一是交谈开始前,二是交谈融洽时,三是握手告别时。

③接过别人的名片,切忌不加确认就放入包中;忌放在裤兜、裙兜、提包、钱夹中;忌随手乱扔(夹在书刊、材料中,压在玻璃板下,扔在抽屉里)。

④应有目的性地散发名片,忌"批发式"散发。

⑤自己的名片应用专用的名片夹、名片包,然后放到公文包中或上衣口袋,忌放入下衣口袋。

⑥当名片交换完毕后,如果对方表示了"请坐",这时就可以坐下;若对方没有表示"请坐"却自己坐下来,你可以跟着坐下,千万不可比对方先坐下。

实训作业

将握手练习和交换名片练习拍成视频,分享到班级学习群。

实训考核

组别：_____ 　　姓名：_____ 　　时间：_____ 　　成绩：_____

	加分	扣分
听课认真程度		
观看视频认真程度		
模拟练习效果		
参与实训认真程度		
实训作业完成程度		

实训项目二十　交谈礼仪

实训目的

了解电话的接听礼仪、拨打礼仪,熟悉电话记录、电话公务等注意事项;了解交谈的表情、语言、话题选择、体态的礼仪规范,了解酒店员工服务忌语,掌握酒店行业服务工作时的交谈规范。

实训课时

4课时

实训内容一　电话礼仪

实训步骤:
1. 阅读相关知识
2. 分小组模拟不同情景下的电话接打和接听
3. 学生分享实训感受
4. 教师点评总结

相关知识

一、电话的接听

1. 接电话的四个基本原则

①电话铃响在三声之内接起。
②电话机旁准备好纸笔进行记录。
③确认记录下的时间、地点、对象和事件等重要事项。
④告知对方自己的姓名。

2. 接电话的基本用语及注意事项

①拿起电话听筒,并告知自己的姓名,如"您好,酒店××部×××"(直线)、"您好,××部×××"(内线),上午10点以前可使用"早上好"。电话铃响在三声以上时应表示:"让您久等了,我是××部×××。"接电话时,不使用"喂……"回答。音量适度,不要

过高。

②确认对方"××先生,您好!"

③听取对方来电用意,应用"是""好的""清楚""明白"等回答;必要时应进行记录;谈话时不要离题。

④进行确认时可用"请您再重复一遍""那么明天在××,9点钟见"等确认时间、地点、对象和事由。如实传达的必须记录下电话时间和留言人信息。

⑤结束语可使用"清楚了""请放心……""我一定转达""谢谢""再见"等语句。

⑥应等对方放下电话后再轻轻将听筒放回电话机上。

3. 接电话的重点

①认真做好记录。

②使用礼貌语言。

③电话交谈时要简洁、明了。

④注意听取时间、地点、事由和数字等重要词语。

⑤电话中应避免使用对方不能理解的专业术语或简略语。

⑥注意讲话语速不宜过快。

⑦打错电话要有礼貌地回答,让对方重新确认电话号码。

二、电话的拨打

1. 拨打电话的基本用语及注意事项

(1)准备。

①确认拨打电话对方的姓名、电话号码。

②准备好要讲的内容、说话的顺序和所需要的资料、文件等。

③明确通话所要达到的目的。

(2)问候、告知自己的姓名。

"您好!我是××酒店××部的×××。"拨打电话时一定要报出自己的姓名,讲话时要有礼貌。

(3)确认电话对象。

"请问××部的×××先生在吗?""麻烦您,我要找×××先生。""您好!我是××酒店××部的×××。"拨打电话时必须要确认电话的对方,如与要找的人接通电话后,应重新问候。

(4)电话内容。

"今天打电话是想向您问询一下关于××事……"应先将想要说的结果告诉对方,如果是比较复杂的事情,请对方做记录,在时间、地点、数字等进行准确传达后,可总结所说内容的要点。

(5)结束语。

结束时,可用"谢谢""麻烦您了""那就拜托您了"等语句,语气诚恳、态度和蔼。

(6)放回电话听筒。

等对方放下电话后再轻轻将听筒放回电话机上。

2.电话拨打的重点礼仪

①要考虑打电话的时间,要考虑对方此时是否有时间或者方便。

②注意确认对方的电话号码、单位、姓名,以避免打错电话。

③准备好所需要用到的资料、文件等。

④讲话的内容要有次序,简洁、明了。

⑤注意通话时间,不宜过长。

⑥要使用礼貌语言。

⑦注意外界的杂音或私语不能传入电话内。

⑧避免办公时拨打私人电话。

⑨讲电话时,如果发生掉线、中断等情况,应由打电话方重新拨打。

三、其他注意事项

1.通话的时机

要打好一次电话,首先就应当明确:通话唯有在适宜之时进行,才会事半功倍。打电话若是不考虑时间问题,往往就会无事生非。

按照惯例,通话的最佳时间有两种:一是双方预先约定的时间,二是对方方便的时间。

除有要事必须立即通告外,不要在他人的休息时间之内打电话。如:每日上午 7 点之前、晚上 10 点之后以及午休的时间等。另外在用餐时打电话也不太合适。

周末居家打电话一般应选择上午 8 点之后。

跟客户打电话一般不要选择周一上午(尤其是刚刚上班的 1~2 小时)、周五下午快下班的 1~2 小时。平时则不选择对方刚上班或快下班的 20 分钟之内。

打公务电话,尽量要公事公办,不要在他人的私人时间,尤其是节假日时间,去麻烦对方。

2.通话的内容

打电话时要简练、明白,口齿清晰,吐字干脆。

基本原则:"以短为佳,宁短勿长""三分钟原则"。

3.通话时的举止表现

这里的举止表现主要是指打电话时的神态、表情、动作等。应注意:

①要微笑,微笑的声音可以通过电话传递给对方一种温馨愉悦之感。

②打电话时,应停止一切不必要的动作,采取正确站姿(最好双手持握话筒,并起身站立)、坐姿(伸直上身有助于语调提高)。

③不要边吃东西边打电话,不要在通话时把话筒夹在脖子下,不要抱着电话机随意走动,或是趴着、仰着、坐在桌脚上,或是高架双腿与人通话。拨号时,不要以笔代手。

④不能对着话筒发出咳嗽的声音。

4. 电话公务

电话公务管理应当完善,即"谁接的电话,如何处理的"应当明确。这些一般通过电话记录体现出来。

现今,比较专业的公司,一般都有专门的电话记录簿。

电话记录的 6W 要素:who(谁来的电话)、whom(打电话找谁)、what(来电内容)、why(来电原因)、where(来电中提到的地点)、when(来电时间、来电中提到的时间)。

5. 移动电话使用礼仪

(1)使用规范。

①令其"安守本分":电话的主要功能是方便个人联络和确保信息交流,不是身份的象征,无论电话多么昂贵先进都不能耀武扬威、自欺欺人。

②利人利己:要按时交纳话费,不要经常关机,更换了号码应及时告知自己主要的交往对象包括老客户。

③遵守公共秩序:不允许在公共场合,尤其是楼梯、电梯、路口、人行道等人来人往处,旁若无人地使用手机;不允许在要求"保持寂静"等公共场所,诸如音乐厅、美术馆、影剧院、歌舞厅以及餐厅、酒吧等,大张旗鼓地使用手机,必要时,应使之关机,或处于静音状态;不允许在上班期间,尤其是在办公室、车间里,因私使用自己的手机,显得自己用心不专;不允许在聚会期间,例如开会、会见、上课之时使用手机,从而分散他人的注意力。

④自觉维护安全:驾车时,在病房、油库里,飞机上,都不允许使用手机。

(2)置放到位。

手机放到合适的位置,便于使用,又合乎礼仪。

①常规位置:正式场合,可放在随身携带的公文包里或上衣口袋里。

②暂放位置:a. 挂在腰带上;b. 参加会议,为了既不误事又不妨碍他人,可暂交由秘书或会务人员保管;c. 与人坐在一起交谈时,可将其暂放于不起眼之处,如手边、身旁、背后,等等。

实训内容二 交谈礼仪

> **实训步骤:**
> 1. 阅读相关知识
> 2. 分小组进行模拟谈话
> 3. 学生分享实训感受
> 4. 教师点评总结

相关知识

交谈是建立良好人际关系的重要途径,也是日常接待的主体。交谈礼节的关键在于尊重对方和自我谦让,还要注意交谈的表情、态度、内容、表达方式等要点,这样才能使交谈达到传递信息、交流情况、沟通感情的效果。

1. 谈话的表情

①表情大方、自然,面带微笑,语气亲切,语言表达得体。

②不得边埋头工作边与客人谈话。

③不能坐着与站着的客人谈话。

④态度诚恳,神情专注,目光坦然、亲切、有神。

⑤忌交谈时左顾右盼、打哈欠、频频看表、伸懒腰。

⑥与领导谈话,不要惊慌失措;接待层次不高的客人,不要心不在焉。

2. 谈话的语言

语言柔和甜美,表达准确,声音不宜太大。

①讲普通话。

②放低声音。

③学会使用柔性语言(柔性语言表现为语气亲切、语调柔和、措辞委婉、说理自然,常用商讨的口吻与人说话)。

④使用礼貌语言(如"五声十字")。

3. 谈话的话题选择

话题的选择至关重要,因为话题即身份的象征,代表着说话者的地位、档次和品位。

(1)商务交往、公务交往中不能谈及的事情——"六不谈"。

①不能非议国家和政府。

②不能涉及国家秘密和行业机密。

③不能对交往对象的内部事务随便加以干涉。

④不能在背后议论同行的领导和同事。

⑤不能谈论格调不高的话题。

⑥不涉及私人问题(特别是在国际交往中)。

(2)谈什么——商务交往、公务交往中要善于选择话题。

①与对方谈论交往对象擅长的问题。

②谈论格调高雅的问题,如哲学、历史、地理、艺术、建筑、风土人情等,这些话题档次比较高,被称为"公共话题"。

③谈论轻松愉快的话题,如电影电视、体育比赛、流行时尚、烹饪小吃、天气状态等。

4.谈话的体态

①动作不要过大,更不能手舞足蹈。

②不要用手指指人。

③双手不要交叉胸前或放在背后,也不要手插裤袋或攥紧拳头。

④不要疯笑,要温文尔雅。

⑤与客人距离不要太近也不要太远。

⑥不要目不转睛,也不要左顾右盼。

实训内容三 酒店员工服务交谈礼仪

实训步骤:

1. 阅读相关知识

2. 分小组按照情景模拟交谈(情景一:当客人刚刚来临时;情景二:当客人入住后,路遇客人;情景三:当客人用餐时,或当客人外出归来时,或当客人有事咨询时;情景四:当客人办理离店手续时)

3. 学生分享实训感受

4. 教师点评总结

 相关知识

1.服务员应戒的四种忌语

(1)不尊重的语言。

①对老年的服务对象讲话时,绝对不宜说"老家伙""老东西""老废物""老没用"。

②跟病人交谈时,尽量不要提"病鬼""病号""病秧子"一类的话语。没有什么特殊的原因,也不要提什么身体好还是不好。

③面对残疾人时,切忌使用"残废"一词。一些不尊重残疾人的提法,诸如"傻子""呆子""侏儒""瞎子""聋子""麻子""瘸子""拐子"之类,更是不宜使用。

④接触身材不甚理想的人士时,尤其对自己最不满意的地方,例如体胖之人的"肥",个低之人的"矮",都不应当直言不讳。

(2)不友好的语言。

在任何情况之下,都绝对不允许服务人员对服务对象采用不够友善,甚至满怀敌意的语言。

如客人要求服务人员为其提供服务时,服务人员以鄙视前者的语气询问:"你买得起吗?""这是你这号人用的东西吗?"这些不友好的语言切忌使用。

（3）不耐烦的语言。

服务人员在工作岗位上要做好本职工作，提高自己的服务质量，就要在接待服务对象时表现出应有的热情与足够的耐心。假如使用了不耐烦之语，不论自己的初衷是什么，不允许给对方答以"我也不知道""从未听说过"。

（4）不客气的语言。

服务人员在工作之中，有不少客气话是一定要说的，而不客气的话则坚决不能说。如在需要服务对象交零钱，或没有零钱可找时，直截了当地要对方"拿零钱来"，或告知对方"没有零钱找"，都极不适当。

2.服务人员服务忌语举例

①喂！

②老头儿。

③土老帽儿。

④你吃饱了撑的呀！

⑤谁让你不看着点儿。

⑥问别人去！

⑦听见没有，长耳朵干吗使的。

⑧我就这态度！

⑨有能耐你告去，随便告哪都不怕。

⑩有完没完。

⑪到底要不要，想好了没有？

⑫喊什么，等会儿！

⑬没看我正忙着吗，着什么急。

⑭我解决不了，愿意找谁就找谁去！

⑮不知道。

⑯刚才和你说过了，怎么还问。

⑰有意见，找经理去。

⑱到点了，你快点儿。

⑲价签上都写着呢（墙上贴着呢），你不会自己看呀。

⑳你问我，我问谁。

㉑没上班呢，等会儿再说。

㉒干什么呢，快点。

㉓我不管，少问我。

㉔不是告诉你了吗，怎么还不明白。

㉕现在才说,早干吗来着。
㉖越忙越添乱,真烦人。
㉗怎么不提前准备好。
㉘我有什么办法,又不是我让它坏的。

3.服务员与客人沟通的八忌

(1)忌"抢"。

谈话时,突然打断客人的讲话或抢过别人的话题去随心所欲发挥,扰乱对方说话的思路,粗鲁地"剥夺"他人说话的机会。

(2)忌"散"。

说话内容庞杂,重心不明,主旨不清,语句散而乱,使客人有"你不说我还清楚,你越说我越糊涂"的感觉。

(3)忌"泛"。

讲话泛泛而谈,没有中心,使客人不得要领,无所适从;看似健谈,但废话连篇,浪费客人时间,给人以哗众取宠之嫌。

(4)忌"急"。

说话连珠炮似的,使客人应接不暇;发问过急过密,使客人穷于应付,步步紧迫的口吻,同样使人难以接受。

(5)忌"空"。

只唱高调,没有实际内容,把服务宗旨挂在嘴上,但没有行动表现,就会成为"说话的巨人,行动的矮子"。

(6)忌"横"。

在谈话中,突出自我,个人意见第一,轻率地下结论,丝毫不尊重客人的意见;当客人对某些话题谈兴正浓时,却武断地把话题转移到自己感兴趣的方面去。

(7)忌"虚"。

说话故弄玄虚,云山雾罩,让对方迷惑不解;说话虚情假意,缺乏真诚,使客人感到服务人员根本不想为解决困难助一臂之力。

(8)忌"滑"。

说话躲躲闪闪,回避矛盾,避重就轻,支支吾吾,敷衍塞责;用语油腔滑调,低级庸俗。

 实训作业

模拟一次给上级领导汇报工作的通话内容,模拟一次接到相关事宜通知的通话内容,写出模拟对话,上传至班级学习群。

实训考核

组别：_____　　姓名：_____　　时间：_____　　成绩：_____

	加分	扣分
听课认真程度		
观看视频认真程度		
模拟练习效果		
参与实训认真程度		
实训作业完成程度		

实训项目二十一 涉外礼仪

实训目的

了解世界各国禁忌,熟悉涉及礼仪的基本原则,掌握涉外礼仪。

实训课时

4课时

实训内容一 礼仪禁忌

实训步骤:

实训步骤:
1. 阅读相关知识
2. 分小组交流对各国禁忌的掌握情况
3. 在教师的带领下,串讲各国禁忌,加深印象

相关知识

1.涉外活动言行禁忌

①举止忌:严忌姿势歪斜,手舞足蹈,以手指人,拉拉扯扯,相距过近,左顾右盼,目视远处,频频看表,舒伸懒腰,玩弄东西,抓耳挠腮。

②谈话忌:严忌荒唐淫秽;严忌涉及他人履历,女子私事,工资收入,私人财产,衣饰价值;严忌批评尊长,非议宗教,嘲弄异俗。

③语气忌:严忌大声辩论,高谈阔论,恶言恶语,寻根问底,争吵辱骂,出言不逊。

④礼遇忌:严忌冷落他人,独谈到底,轻易表态,打断异议,纠缠不止,随意插话,随意辞别。

2.涉外活动拍照禁忌

在涉外活动中,人们在拍照时,不能触犯特定国家、地区、民族的禁忌。凡在边境口岸、机场、博物馆、住宅私室、新产品与新科技展览会、珍贵文物展览馆等处,严忌随意拍照。在被允许情况下,对古画及其他古文物进行拍照时,严忌使用闪光灯。凡在"禁止拍照"标志的地方或地区,人们应自觉遵守规定不拍照。通常情况下,忌讳给不相识的人(特别是女子)拍照。

3. 涉外活动卫生禁忌

①个人卫生：忌蓬头垢面，忌衣装鞋帽或领口袖口不洁。在正式场合，忌讳挖眼屎、擤鼻涕、抠鼻孔、挖耳屎、剔牙齿、剪指甲等不卫生的动作。患有传染病的人严忌参加外事活动。

②环境卫生：切忌随地吐痰、乱弹烟灰、乱丢果皮纸屑或其他不洁之物，忌讳把雨具及鞋下的泥水、泥巴等带入室内，忌讳把痰盂等不洁器具放在室内醒目的地方。

4. 商界礼仪禁忌

(1)东南亚礼仪禁忌。与东南亚商人洽谈商务时，严忌跷二郎腿，乃至鞋底悬着颠来颠去。否则，必引起对方反感，交易会当即告吹。

(2)中东礼仪禁忌。中东阿拉伯国家的商人，往往在咖啡馆里洽谈贸易。与他们会面时，宜喝咖啡、茶或清凉饮料，严忌饮酒、吸烟、谈女人、拍照，也不要谈论中东政局和国际石油政策。

(3)俄罗斯礼仪禁忌。俄罗斯及东欧诸国，对西方商人的礼待是极其热情的。在同俄罗斯人洽谈贸易时，切忌称呼"俄国人"。

(4)英国礼仪禁忌。到英国洽谈贸易时，有三条忌讳：

①忌系有条纹的领带。因为带条纹的领带可能被认为是军队或学生校服领带的仿制品。

②忌以皇室的家事为谈话的笑料。

③不要把英国人称呼为"英国人"。

(5)法国礼仪禁忌。到法国洽谈贸易时，严忌过多地谈论个人私事。因为法国人不喜欢大谈家庭及个人生活的隐私。

(6)南美礼仪禁忌。赴南美洲做生意的人，为了入境随俗，在洽谈交易的过程中，宜穿深色服装，谈话宜亲热并且距离靠近一些，忌穿浅色服装，忌谈当地政治问题。

(7)德国礼仪禁忌。德国商人很注重工作效率。因此，同他们洽谈贸易时，严忌神聊或节外生枝地闲谈。德国北部地区的商人，均重视自己的头衔，当同他们一次次热情握手，一次次称呼其头衔时，他必然格外高兴。

(8)瑞士礼仪禁忌。若给瑞士的公司寄信，收信人应写公司的全称，严忌写公司工作人员的名字。因为，如果收信人不在，此信永远也不会被打开。瑞士人崇拜老字号的公司，如果你的公司建于1895年之前，那么你应在工作证件上或名片上特别强调出来。

(9)美国礼仪禁忌。与美国人洽谈交易时，不必过多地握手与客套，贸易谈判可直截了当地进入正题，甚至从吃早点时即可开始。

(10)芬兰礼仪禁忌。与芬兰商人洽谈时，应重视行握手礼，应多呼其"经理"之类的职衔。谈判地点多在办事处，一般不在宴会上。谈判成功之后，芬兰商人往往邀请你赴家宴和洗蒸汽浴。这是一种很重要的礼节。如你应邀赴宴时，忌讳迟到，且不要忘记向女主人送上5朵或7朵(忌双数的)鲜花。在主人正式敬酒之前，客人不宜先行自饮。在畅谈时，应忌讳谈当地的政治问题。

5. 花木交往中的禁忌

①根花禁忌：探视病人时，日本人严忌以根花（包括盆花）为礼，因为日文的"根"字与"睡"字的发音相同。

②山茶花禁忌：日本人在探望病人时，忌用山茶花、仙客来、淡黄花及白花。因为山茶花凋谢时整个花头落地，不吉利；仙客来花，日本念为"希苦拉面"，而"希"同日文的"死"发音相同；淡黄花与白花，日本人大多不喜欢。

③荷花禁忌：印度人，忌以荷花作馈赠品，因为印度人多以荷花为祭祀之花。

④白花禁忌：在欧洲，人们以花为礼时，除生日与命名日之外，一般忌用白色鲜花。

⑤香花禁忌：一些欧洲国家的人，在探望病人时，往往忌用香气浓烈的或具有特殊象征义的鲜花。送予中年人的，忌用小花；送予年轻人的，忌用大花。

⑥盆花禁忌：在通常以花为礼的交往中，许多欧洲人爱用切花，忌用盆花，但在复活节之际，可用盆栽的风信子为礼。

⑦菊花禁忌：在欧洲许多国家，人们忌用菊花为礼。传统习俗认为：菊花是墓地之花。日本人忌用菊花作室内装饰，认为菊花是不吉祥的。

⑧双花禁忌：波兰人与罗马尼亚人以花为礼时，所用的花束必须是单数，即使一枝也可，忌讳双数，但罗马尼亚人的生日除外。

⑨干花禁忌：除人造花之外，波兰人忌送干花或枯萎的花。波兰人认为，送干花或枯花，意味着情谊的终结。

⑩郁金香禁忌：德国人往往忌以郁金香为馈赠品。他们认为它是无情之花。

⑪黄玫瑰禁忌：英国人忌以黄玫瑰为礼花。英国传统习俗认为，黄玫瑰象征亲友分离。

⑫黄花禁忌：法国人往往忌送黄花。法国传统的习俗认为：黄色花象征着不忠诚。

⑬妖花禁忌：许多拉丁美洲人将菊花视为"妖花"，他们忌用菊花装饰房间，忌以菊花为礼。

⑭紫花禁忌：巴西人忌用绛紫色的花为礼，因为巴西人惯以紫花为葬礼之花。

6. 西方人日常禁忌

①数字禁忌：忌讳"十三"，甚至星期五和每月的13日也被忌讳，认为这些数字包含着凶险。相反，西方人却对"三"和"七"很喜欢，认为这两个数字包含着吉利。

②询问禁忌：忌讳询问别人的年龄、工资、家室以及其他私事。在老人面前，忌说"老"字。

③床位禁忌：严忌把床对着门摆放。

④碎镜禁忌：严忌打碎镜子，认为碎镜能使人背运。若犯此忌，则可趁月圆之时，暗自将衣袋内的硬币翻过来，以示解救。

⑤花色禁忌：许多欧洲人忌讳黄色花，并认为菊花、杜鹃包含着不吉利。

⑥颜色禁忌：欧洲人多忌黑色，认为黑色是丧礼之色。

⑦礼节禁忌：一切礼节均应先女后男，切忌相反。

⑧衣物禁忌：西方人对自己的衣物及行装,有随意乱放的习惯,但忌讳别人乱动。

⑨折柳禁忌：切忌折断飘来的柳条,认为此忌可以防止失恋之苦。

⑩婚服禁忌：姑娘在结婚之前,忌讳试穿婚礼服。据说,此忌可防未来婚事的破裂。

⑪婚期禁忌：除英国人而外,多数西方人严忌星期六结婚,认为此日绝非黄道吉日。

⑫扶老禁忌：欧美的老人,多忌讳由别人来搀扶。他们认为这有损于体面,是受轻视的表现。

⑬拉手禁忌：在许多拉美国家的街道上,男女之间可以相挽拉手而行,但在同性者之间忌讳携肩挽手。

7. 欧美礼仪禁忌

①握手禁忌：对长者、女子或生人,忌主动而随便地握手。

②行走禁忌：在行进中,忌醉步摇斜、随地吐痰或乱扔废物。

③路谈禁忌：路遇熟人时,忌在路中央交谈或在路旁久谈;与女子路谈,应边走边谈,忌在路边立谈。

④做客禁忌：到亲友家做客,进门后切忌不脱帽和带雨具;与女子对坐,切忌吸烟。

⑤会客禁忌：会见客人时,忌坐姿歪斜和小动作,忌家人吵骂或看表询问时间。

⑥慰问禁忌：探病时,忌久谈;吊唁时,忌先提及死者。

实训内容二　涉外礼仪

实训步骤：

实训步骤：
1. 阅读相关知识
2. 分小组交流学习感受
3. 在教师的带领下,熟悉涉外礼仪

相关知识

个人的礼仪修养不仅影响着个人的形象,也涉及国家的尊严。因此,学习了解国际交流礼仪知识,有利于国际交流与合作。国际基本礼仪包括行为举止、气质、风度、服饰等内容。

1. 基本要求

讲究仪表与衣帽整洁,面、手、衣履要洁净。男子的头发、胡须不宜过长,应修剪整齐。指甲要经常修剪,一般与指尖等长,不留污垢,保持手部清洁,若手部有疾症或疤痕要戴手套。衣着要整洁笔挺,不能有褶皱,纽扣均应整齐,裤扣不能在室外或公共场合整理。衬衣一般为白色硬领,袖与下摆不露出外套,并放入裤内。要按交际场所或交际需要着装。礼服、领带或领花应结好,佩戴端正,并备洁净手绢与梳子。皮鞋应擦亮。不要在人前做剔牙、抠鼻、掏耳、剪指甲、搔痒等不雅的小动作。也不要在人前打哈欠、伸懒腰、打喷嚏、擦鼻涕、咳嗽,打喷嚏时应用手帕、餐巾纸捂口鼻,面向一旁,避免发出大声响。

举止大方得体,态度和蔼端庄,精神饱满自然,言行检点。站、坐、走都要符合常规,任何失礼或不合礼仪的言行会被视为有失体面。

说话客气,注意身份。说话时神情矜持和蔼,面带微笑。随便与人攀谈是失礼行为,萍水相逢,应在有人介绍后方可交谈。

遵守公共秩序,不打搅、影响他人,尊重他人。不随意指责他人或给他人造成麻烦或不便。发表议论与指责他人会被认为缺乏教养。在图书馆、博物馆、医院、教堂等公共场所都应保持安静。在隆重的场合,如举行仪式、听讲演、看演出等,要保持肃静。

守约遵时是国际交往中极为重要的礼貌。参加各种活动,应按约定时间到达。过早抵达,会使主人因准备未毕而难堪;迟迟不到,则让主人和其他客人等候过久而失礼。因故迟到,要向主人和其他客人表示歉意。万一因故不能应邀赴约,要有礼貌地尽早通知主人,并以适当方式表示歉意。与人约会不能失约,不能超时。失约和超时是很不礼貌的行为。承诺别人的事情不能遗忘,必须讲"信用",按时做好。

2. 礼貌用语

礼貌用语是礼仪的表现形式,能传达爱心与礼节,使说话人更被人敬重。"您好""请""谢谢""对不起""再见"在国际交往中要经常使用。

①"请"。几乎任何需要麻烦他人的事情,都应该说"请"。

②"谢谢"。只要别人为你做了什么,都应该说声"谢谢",包括家人或关系密切的朋友。

③"对不起"。凡是不小心妨碍或干扰了他人,都要说"对不起"。

④"再见"。"再见"不仅是同事、朋友、家人之间相互告辞时的礼貌用语,也是陌生人之间接触后相互告辞时的礼貌用语。

3. 尊重隐私

在国际交往中,尊重隐私也是重要的礼仪规范。

尊重隐私,要坚持以个人为交往对象的礼仪原则。如:给一家人中的某个人帮了忙或送了一份礼物,这行为本身也仅是对某个人而言才有意义,除受惠人会表示感谢外,其他家人一般不会因此而致谢,这是很正常的现象。

尊重隐私,不能侵犯属于个人的空间与领域。一家人同住一栋房子里,各个房间便是每个家庭成员自己的天地,不敲门,不经允许,便不能突然闯入。拜访他人家庭、前往他人家庭、前往他人办公室洽谈,都须预先约定。

尊重隐私,在交谈中应回避涉及个人隐私的任何话题。具体来说,就是要做到"五不问":一不问年龄;二不问婚否;三不问去向;四不问收入;五不问住址。

4. 女士第一

"Ladies first"即女士第一或女士优先,这是国际礼仪中很重要的原则。女士优先的核心是要求男士在任何场合、任何情况下,都要在行动上从各个方面尊重、照顾、帮助、保护妇女。在社交场合遵从女士第一的原则,可以显示男士气质与绅士风度。

男女同行时,男士应走靠外的一侧。不能并行时,男士应让女士先行一步。在开门、下车、上楼或进入无人领路的场所、遇到障碍和危险时,男士应走在女士前面。乘坐计程车或其他轿车时,应让女士先上车;下车一般是男士先下,然后照顾女士下车。在门口、楼梯口、电梯口及通道走廊遇到女士,男士应侧身站立一旁,让其先行。在需要开门的场合,男士应为女士开门。

在社交聚会场合,男士看到女士进门,应起身以示礼貌;当客人见到男女主人时,应先与女主人打招呼。

就餐时,进入餐厅入座的顺序是,侍者引道,女士随后,男士"压阵"。一旦坐下,女士就不必再起身与他人打招呼,而男士则需起身与他人打招呼。点菜时,应先把菜单递给女士。女士在接受男士的礼让时,不能过分腼腆与羞怯,应面带笑容道谢。

5. 不卑不亢

国际交往中人与人、国与国之间应是平等的关系。人与人交往时不卑不亢,这是国际礼仪的重要原则。国际礼仪中的不卑不亢原则,最重要的是保持人格平等,因为"卑"和"亢"都是置对方或置自身于不平等位置上的交往态度。"卑"有损自身人格甚至国格;"亢"则显得虚张声势,也有伤对方的自尊。要做到"不卑不亢",应注意:

①不能对对方有金钱与物质利益上的希望和企图。"心底无私天地宽",双方的人格就平等互利了。我方无所企求而心地坦然,对对方无须戒备则轻松自如,这样的交往自然分不出尊卑。如果一味希望对方担保子女出国或获得其他物质上的好处等,就很难坚持此项原则。

②要有为国家和民族争气的精神。这种精神在涉外交往中尤其重要。

③实事求是,不过谦,不说过头话。以宴请为例,中国人请客,即使是相当丰盛的一桌,主人也会对客人说:"今天没什么好菜,请随便吃点。"西方人则相反,不管饭菜质量如何,主人都要自我夸赞:"这是本地最好的饭店""这是我的拿手好菜",目的在于表示诚意。同样,中国人到别人家做客经常客气有余,主人问客人是否再添饭,客人说不用不用,实际上也许并未吃饱。西方人作为宾客赴宴,说不吃不喝时则是真的,绝不是客气。所以,在国际交往中,客气与谦虚都不能过分。

6. 入乡随俗

入乡随俗,是国际交往中的一条很重要的礼仪原则。出国或在国内接触外宾,都要尊重对方的风俗习惯与礼节。由于不同国家的社会制度有差异,文化习俗有别,思维方式与理解角度也往往差别较大,因此,每到一个国家或接待来自某一国的客人,都要事先了解该国的礼俗,即使相当熟悉的友人,也应注意基本礼仪。在交往中相互尊重,谨慎从事,不能不拘小节或超过限度。如美国人有三大忌:一是忌有人问他年龄;二是忌问他所买东西的价钱;三是忌在见面时说"你长胖了"。这是因为:前两忌是个人私事,不喜欢他人干涉;后一忌是美国有"瘦富胖穷"的观念。

实训作业

观看三部外国影片,说说各国的主要禁忌。

实训考核

组别:_____ 姓名:_____ 时间:_____ 成绩:_____

	加分	扣分
听课认真程度		
观看视频认真程度		
模拟练习效果		
参与实训认真程度		
实训作业完成程度		

附录　酒店日常接待英语

1. Good morning. This is Room Reservation. May I help you?
早上好,客房预订处,我能为您做什么?

2. What kind of room would you like to reserve?（What kind of room would you be prefer?）
您想订哪种类型的房间?

3. A single room or a double room?
要单人间还是双人间?

4. For which dates do you want to book the rooms?
您想订哪几天的房间呢?

5. What time will you be arriving?
您将在何时到达?

6. May I know your name?
您能告诉我您的名字吗?

7. How long will you be staying?
您将要住多久?

8. I'd like to confirm your reservation.
我要确认一下您的预订。

9. I'll check the room availability.
我查查客房预订情况。

10. You should pay a deposit of US $ 1000 beforehand.
您应预付1000美元的订金。

11. There is a 10 per cent discount.
10%的折扣。

12. Have you got a booking?
您预订了吗?

13. We'll extend your reservation for you.
我们将会按您的要求做相应的更改。

14. We wish you a pleasant stay in our hotel.
愿您在我们饭店过得愉快!

15. Please don't leave anything behind.
请不要遗忘您的东西。

16. Mind (or watch) your step!

请走好！

17. We wish you a pleasant journey.

祝您旅途愉快！

18. Have a nice trip!

一路平安！

19. All the best!

万事如意。

20. We have a free breakfast buffet every morning from 6 a.m.-9 a.m. Price is 150 dollars.

我们每天从早上6点到9点有免费的早餐自助餐，房价150美元。

21. Good luck!

祝您好运！

22. Thank you (very much) or Thanks a lot.

谢谢您(非常感谢)。

23. Take care!

多保重！

24. Thank you for coming.

谢谢您的光临。

25. Thank you for staying in our hotel.

感谢您在我们饭店下榻。

26. I'm very grateful to you.

非常感谢您。

27. It's very kind of you.

谢谢，您真客气。

28. You are (most) welcome.

不用谢，不用客气。

29. Not at all.

不用谢。

30. Don't mention it.

不用谢。

31. My pleasure(or with pleasure).

很高兴能为您服务。

32. Glad to be of service.

很高兴为您服务。

33. At your service.

乐意为您效劳。

34. I'm sorry.

很抱歉。

35. Excuse me.

对不起。

36. I'm terribly sorry. It's my fault.

非常抱歉,那是我的过错。

37. I'm awfully sorry for my carelessness.

对于我的粗心大意我非常抱歉。

38. Sorry to have kept you waiting.

对不起,让您久等了。

39. Sorry to interrupt you.

对不起,打扰了。

40. That's all right.

这没什么。

41. We will hold your booking until 7:00 p.m. without a guarantee.

在没有任何担保的情况下,我们会为您将房间保留到下午7点。

42. Never mind.

不要紧,没关系。

43. Let's forget it.

算了吧!

44. What can I do for you?

我能为您干点什么?

45. Can I help you?

我能为您干点什么?

46. I want to book a suite for my family and me.

我想为我和我的家人订一间套房。

47. Is there anything I can do for you?

有什么能为您效劳的吗?

48. Just a moment, please.

请稍等一下。

49. Don't worry about it.

别担心。

50. I beg your pardon? (or Pardon?)

对不起,请再说一遍好吗?

51. You are wanted on the phone, Mr. Bellow.

贝罗先生,有您的电话。

52. Who is speaking, please?

请问您是谁?(电话用语)

53. I'll switch you to room 1120.

我马上给您接1120房间。

54. What number are you calling?

请问对方的电话号码是什么?

55. Who would you like to talk to?

请问受话人姓名是什么?

56. Could you hold the line, please?

请(拿着话筒)稍等一会好吗?

57. Here are come letters for you.

这是您的信。

58. What a shame!

多可惜!

59. I'm sorry to hear that!

听到这事我很难过。

60. We are all sorry to hear of your illness.

听说您病了都很担心。

61. There, there, now try not to get too upset about it.

好啦,不要为这事太烦恼了。

62. I wish you good health.

祝您健康。

63. Let me wish you every success.

祝您一切顺利!

64. Happy New Year!

新年快乐!

65. Merry Christmas!

圣诞节快乐!

66. Happy birthday to you!

祝您生日快乐!

67. Congratulations!

祝贺您(恭喜)!

68. My hearty congratulations!

衷心祝贺您!

69. As you wish(or like).

随您的便。

70. Certainly.

当然可以。

71. It's through a third-party website. Sometimes, the bookings can get lost.

您是通过第三方网站订的。有时候，订单会出问题。

72. Go ahead and do what you like.

干吧，你喜欢干什么就干什么。

73. I'm sorry, that's not allowed.

对不起，这是不允许的。

74. No, I'm afraid not.

不，恐怕不行。

75. Out of the question, I'm afraid.

恐怕不可能。

76. Walk straight ahead.

一直往前走。

77. Turn left(right).

往左(右)转。

78. Go upstairs(downstairs).

上(下)楼。

79. Take the lift to the third floor.

乘电梯到三楼。

80. The lifts are in the lobby near the main entrance.

电梯间在大厅靠大门外。

81. The bellman will show you the way to the banquet hall.

大堂服务员将领您去宴会厅。

82. There is a washroom at the end of the corridor.

洗手间在走廊尽头。

83. The post and cable service is opposite the bar.

邮电所在酒吧对面。

84. The bank is next to the shop.

银行在小卖部隔壁。

85. You can get your money changed at the cashier's desk.

您可以在收银台兑换钱。

86. How much would you like to change?

你要兑换多少呢？

87. Is it just for tonight?

只住今晚吗？

88. How long will you stay with us?

您打算住多久?

89. From what date and how many nights will you be staying?

要哪天的,您想住几晚?

90. I'm sorry, but we're fully booked for single rooms. Would you like to have a double one?

很抱歉,我们的单人间已经订满了,给您订双人间可以吗?

91. From which country?

从哪个国家预订的?

92. Does it include breakfast?

包括早餐吗?

93. I have found your booking.

我找到了您的订单了。

94. I'll check our reservation record.

我来查一下我们的预订记录。

95. I am sorry, no elite room is available.

很抱歉,我们没有商务客房了。

96. What time do you expect to arrive, sir?

请问您大概什么时候到酒店,先生?

97. It's all right for the 18th, but not the 19th.

18 日的订房没问题,但 19 日恐怕不行。

参考文献

[1] 吕艳芝.公务礼仪标准培训[M].2版.北京:中国纺织出版社,2018.
[2] 杨再春,陈方丽.商务礼仪实训教程[M].2版.北京:清华大学出版社,2010.
[3] 简成茹,王淑华,舒燕.商务礼仪[M].北京:教育科学出版社,2013.
[4] 金正昆.社交礼仪教程[M].北京:中国人民大学出版社,2011.
[5] 彭林.中华传统礼仪[M].北京:燕山出版社,2004.
[6] 李健荣.现代公共关系[M].北京:东方出版社,2002.
[7] 张玉平.现代礼仪[M].北京:东方出版社,1998.
[8] 赵景卓.公关礼仪[M].北京:中国财政经济出版社,1995.
[9] 董一飞.社交礼仪[M].沈阳:辽宁大学出版社,1996.
[10] 刘光明.企业形象导入[M].2版.北京:经济管理出版社,2003.